ENCICLOPEDIA JUVENIL PARA MENTES CURIOSAS
¿DE QUÉ ESTÁ HECHO EL MUNDO?

Titulo original: DI COSA È FATTO IL MONDO?
Pierdomenico Baccalario y Federico Taddia con Piero Martin
Ilustraciones: Claudia Razzoli
© 2023 Editrice Il Castoro, S.R.L, Milano - www.editriceilcastoro.it
Los derechos han sido negociados a través de Körner Literary Agent – www.uklitag.com
Colaboración a la redacción del texto Andrea Vico
Idea de Book on a Tree Ltd. www.bookonatree.com
Coordinación del proyecto:
Manlio Castagna (Book on a Tree),
Andreina Speciale (Editrice Il Castoro)
Edición: Maria Chiara Bettazzi
Coordinación editorial: Alessandro Zontini
Proyecto gráfico y maquetación: Chialab

© 2024 BOLDLETTERS, S.L. de la presente edición en castellano para todo el mundo
Balmes, 76 – 08007 Barcelona
www.bold-letters.com
info@bold-letters.com
Instagram:@boldletterseditorial
Traducción a cargo de Marc Figueras (La Letra, S.L.)
Adaptación, corrección y realización en castellano: La Letra, S.L.
Este libro forma parte de la serie de Boldletters Enciclopedia juvenil para mentes curiosas

Primera edición: febrero de 2024
ISBN: 978-84-18246-54-8
Depósito legal: B 2209-2024

Impresión: Unigraf, S.L
Impreso en España

Esta edición utiliza papeles fabricados con fibras naturales, renovables
y reciclables a partir de maderas procedentes de bosques
que se acogen a un sistema de explotación sostenible.

PEFC

PEFC/14-38-00306

Pierdomenico BACCALARIO
Federico TADDIA

con Piero MARTIN

¿DE QUÉ ESTÁ HECHO EL MUNDO?

Traducción de
Marc Figueras

Ilustraciones de
Claudia Razzoli

ÍNDICE

¡HOLA!

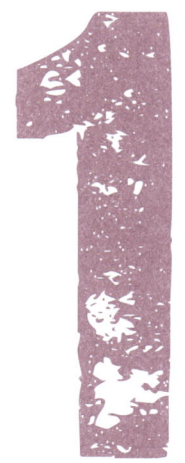

¿DE QUÉ ESTOY HECHO?

 ola! Encantados de conocerte. ¿Sabías que estamos hechos de polvo?

Sí, sí, tú también.

Todo es polvo, un polvo especial que procede de las estrellas, formado por átomos de todo tipo, que se agrupan de forma más o menos compacta gracias a la energía y al movimiento continuo de cargas microscópicas llamadas «electrones».

En resumen, somos polvo, energía y movimiento.

Genial, ¿verdad?

¿No puedes quedarte quieto? Bueno, de hecho, eso no solo te pasa a ti.

Claro. Siempre ha sido así: un gran caos, enorme.

¿Cómo hemos llegado hasta aquí? Sobre eso, sabemos algunas cosas, pero no todas.

Lo que sabemos es que había un montón de polvo de estrellas que flotaba en el vacío del espacio. Después, la fuerza gravitacional del primer núcleo de la Tierra fue atrayendo ese polvo y uniéndose, partícula a partícula, pedrusco a pedrusco, y terminó formándose primero un planeta, después un planeta cubierto de agua y nubes, más tarde de plantas y, finalmente, lo pisaron los pies de tus antepasados.

Para ello hicieron falta más de cuatro mil millones de años, pero aquí estamos.

Lo cual es como decir que nuestro sistema solar era algo parecido a un potaje que daba vueltas dentro de una gran olla, muchos de cuyos tropezones se unieron para formar los planetas, entre ellos, la Tierra.

¿Podía ocurrir algo así?

Bueno, en nuestro planeta ocurrió.

De manera que nosotros estamos hechos de polvo, y este, de átomos, y estos, de partículas aún más pequeñas, los neutrones y los protones, rodeados de electrones que a veces se unen a electrones de otros átomos, como si se cogieran de la mano o como si fueran la aguja y el hilo que cose eso a lo que llamas «materia». Vale, ¿pero de cuántos átomos hablamos? Y, sobre todo, ¿átomos de qué?

A decir verdad, estás formado principalmente por átomos

DES-CIFRAR

Una persona de setenta kilos está formada, más o menos, por siete mil cuatrillones de átomos, es decir, un 7 seguido de 27 ceros.

de oxígeno (se escribe O y representan alrededor del 65 % de tu peso corporal), los cuales están presentes en la molécula que constituye el 65 % de tu masa, la del agua: H_2O. Esto significa que también tienes muchos átomos de hidrógeno (H), que representan el 10 % de tu peso.

H_2O quiere decir que dos átomos de H se unen a un átomo de O y el resultado es una molécula de agua.

Luego tenemos el carbono (C, un 18 % de tu peso), un elemento presente en todos los compuestos orgánicos. ¿Significa eso que tocan el órgano?

No... Significa que están «vivos» o que lo estuvieron.

Piénsalo así: carbono = vida. La que crece y cambia con el paso del tiempo, la de los árboles, hoy igual que hace millones y millones de años.

¿Y qué más?

Luego viene el nitrógeno (N, un 3 %), que forma todas las proteínas, esas que la gente te dice que necesitas para hacer deporte. ¡Come, que necesitas proteínas!

Pero ¿haces deporte?

Si es así, necesitas calcio (Ca, un 1,5 %), pues este elemento es el encargado de formar tus dientes y huesos, así como de contraer los músculos (¡ánimo, un poco más!) y que funcionen los impulsos nerviosos (con los que tu cuerpo transmite toda la información que necesita para funcionar, como, por ejemplo, calor, frío y dolor).

NOMBRE: ELE
APELLIDO: MENTO

También tenemos fósforo (P, un 1 %), potasio (K, un 0,4 %), azufre (S, un 0,3 %), sodio (Na, un 0,2 %), magnesio (Mg, un 0,1 %), cloro (Cl, un 0,1 %) y pequeñas cantidades de hierro (Fe), yodo (I) y cobalto (Co).

Por cierto, ¿por qué el sodio se escribe Na y no So? Porque, en latín, su nombre es *natrium*, que significa «sal». Entonces, ¿el sodio es la sal de cocina? No del todo: la sal es cloruro de sodio (NaCl), un átomo de sodio y uno de cloro unidos.

Sé que parece un gran caos, pero, en realidad, la química y la física son el reino del orden. Y es precisamente este caos de los elementos el que conforma todo lo que nos rodea, es decir, la materia.

Afortunadamente, contamos con nuestro duende de jardín, experto minero que sabe mucho de materia. Se llama Ele, Ele Mento, para ser exactos.

Ele te puede explicar que hay elementos que se hacen amigos íntimos, pero otros crean antipatías; unos se acercan y otros se alejan; unos crean enlaces estables y quieren pasar toda su vida juntos, mientras que otros son mucho menos estables, cambian de opinión y pasan de un estado a otro, se unen con otros átomos y, en ocasiones, cuando no pueden más, se desintegran...

Entonces, ¿se trata de algo peligroso?

A veces.

Pero vayamos paso a paso.

Qué son la física y la química

La física es la ciencia que estudia la energía y la materia y cómo se relacionan entre sí en el tiempo y el espacio. Plantea preguntas fundamentales: ¿cómo nació el Universo?, ¿de qué está hecho?, ¿cómo cambia?, ¿qué rige su comportamiento? Y lo hace explorando la materia hasta sus componentes más pequeños.

La química es la ciencia que estudia las características de los átomos (los 118 elementos básicos que forman la tabla de los elementos de Mendeléyev), su comportamiento, su composición y las posibles transformaciones.

QUÍMICA   FÍSICA

Ambas nos dicen una cosa: que todo lo que ocurre en la Tierra (y, en general, en el Universo del cual la Tierra forma parte) es consecuencia de fenómenos naturales que obedecen a leyes precisas.

En la base de todo este aparente caos hay una forma de orden muy especial, quizá aún misteriosa, pero que estamos tratando de comprender.

Hubo un tiempo en que pensábamos que ciertos fenómenos inexplicables pertenecían al terreno de la magia o se debían a la voluntad de los dioses, como los rayos, los arcoíris, los eclipses solares o la suerte de que el árbitro no pite penalti contra tu equipo cuando un defensa ha empujado a un delantero dentro del área. ¿Cómo es posible? ¿Será el destino?

Hoy en día, gracias a la química, la física y la biología (que es muy parecida a la química, pero especializada en organismos vivos, incluso los muy diminutos, como las bacterias), sabemos por qué suceden muchas de estas cosas.

Entonces, ¿qué pasa cuando los rayos solares derriten un bloque de hielo o transforman el agua en vapor y luego se forman las nubes y la lluvia? ¿Por qué cuando sueltas un objeto desde cierta altura, cae al suelo si existe una determinada relación entre su peso y su volumen, pero sube si la relación es otra distinta? ¿Qué es la electricidad? ¿Cuándo hierve el agua?

Sí, así es, los físicos intentan contestar precisamente a estas preguntas, como en la Antigüedad los filósofos naturales griegos ya trataron de responderlas.

Pruebas, pruebas y más pruebas

La física, por tanto, estudia el Universo, desde las galaxias más grandes hasta las partículas subatómicas, investigando las propiedades de todos sus elementos, buscando regularidades en los comportamientos, identificando leyes generales, estudiando características comunes, como la masa, la carga eléctrica, el estado (sólido, líquido o gaseoso).

¿Cómo interactúan entre sí las distintas partes de la materia? ¿Por qué esta piedra se mueve de esta manera? ¿Por qué el arcoíris se forma exactamente así? ¿Por qué el cielo es azul de día y al atardecer es rojo? ¿Es o no cierto elemento un buen conductor de la electricidad?

La física es la ciencia de la energía.

Y la energía es algo que usamos para obtener otra cosa: para poner objetos en movimiento, para desplazarnos, para calentar o enfriar, para emitir sonidos... Y se transfiere de diferentes maneras, por ejemplo, mediante la «acción», el calor, la radiación electromagnética. Para correr los cien metros, debes hacer un trabajo muscular y, para que tus músculos trabajen, tienes que introducir energía en tu cuerpo. ¿Cómo la metes ahí? Comiendo y viviendo bajo el sol. La comida es tu energía química y el calor y la luz solar ayudan a que todo tu cuerpo funcione bien.

Sin embargo, si hablamos de un coche, este corre gracias a un trabajo mecánico: a partir de combustible que se introduce en el motor se obtiene la energía que, mediante engranajes, genera el movimiento de las ruedas. Por tanto, la física es también la ciencia del movimiento (de todos los movimientos, desde los invisibles a escala atómica hasta los muy grandes, a escala planetaria).

En cuanto al movimiento, debes saber que, para los físicos, un objeto que está quieto en realidad está en movimiento, pero... con la particularidad de que su velocidad es cero.

PON LA VELA EN SU SITIO

Ante un mismo fenómeno, el físico y el químico suelen observar aspectos diferentes.

Cuando se enciende una vela, al físico le interesa cómo se derrite la cera y cómo sube por la mecha, mientras que al químico le interesa cómo las moléculas que componen la cera se descomponen y se combinan con el oxígeno del aire durante la combustión, liberando dióxido de carbono y vapor de agua.

La química también se plantea preguntas para las que busca respuestas.

¿Por qué el limón tiene un sabor ácido y amargo? ¿Por qué si mezclo dos metales obtengo una punta de flecha mucho más fuerte que una hecha con un solo metal? ¿Por qué la sal sala y el azúcar endulza?

La química trata de identificar todos los componentes de una materia y cómo estos pueden combinarse o transformarse, creando nuevos productos o materiales.

CRONOLOGÍA
Grandes hitos de la física

1600
William Gilbert descubre el magnetismo terrestre y revoluciona la navegación marítima.

1752
Benjamin Franklin demuestra la naturaleza eléctrica del rayo e inicia así la carrera para atrapar y manejar la electricidad.

1887
Heinrich Rudolf Hertz descubre las ondas electromagnéticas, la base de la radio, la televisión, los móviles...

1898
Pierre y Marie Curie anuncian el descubrimiento del polonio y, poco después, del radio.

1913
Niels Bohr describe la teoría de la estructura del átomo: un núcleo de neutrones y protones en el centro y diversos electrones a su alrededor, dispuestos en varios niveles.

Ambas disciplinas progresan en el conocimiento de la misma manera: con experimentos.

Cuando un científico observa un fenómeno que desconoce, lo analiza haciendo experimentos para verificar cómo sucede y comprenderlo de cabo a rabo.

La física está organizada en varias subdisciplinas, llamadas «ramas».

Por un lado, tenemos la física que explora la estructura de la materia; por el otro, la física que se ocupa de la mecánica, es decir, del estudio del movimiento de los cuerpos, por qué se genera y qué leyes sigue.

También hay una física, llamada «termodinámica», que estudia la energía y el calor, tanto el calor natural que nos llega del Sol como el calor que el ser humano ha aprendido a transformar a partir del fuego, y una física que estudia todo lo que puede arder y lo que puede conducir el calor o aislarlo.

Otra física se ocupa de los fenómenos eléctricos y electromagnéticos, es decir, de la presencia, la generación y el transporte de electricidad y todo lo relacionado con el magnetismo, tanto aquel que es natural (terrestre) como el artificial.

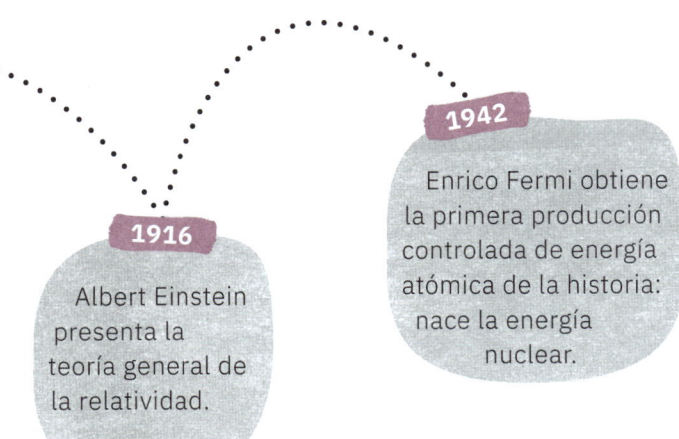

1942

Enrico Fermi obtiene la primera producción controlada de energía atómica de la historia: nace la energía nuclear.

1916

Albert Einstein presenta la teoría general de la relatividad.

Tenemos la física que estudia la luz (los rayos de luz, las fuentes luminosas y los instrumentos ópticos) y la que estudia el sonido (cómo se produce una onda sonora, cómo funciona la propagación del ruido y de los sonidos de un instrumento musical).

También tenemos la astrofísica, ciencia que estudia el Universo, y la física cuántica, que investiga, principalmente, el comportamiento de las partículas subatómicas como los electrones y los *quarks*.

Asimismo, tenemos diversas ramas de la química.

UN CARBONO BIEN VIVO

El carbono es el cuarto elemento más abundante en el Universo y es un átomo muy especial, con una gran capacidad para formar enlaces con otros átomos. Se encuentra en decenas de miles de materiales diferentes: todo lo que comemos, los materiales naturales con los que confeccionamos la ropa (como la lana y el algodón), la madera con la que construimos casas y muebles y que quemamos en la chimenea para calentarnos, el petróleo y el gas que usamos para desplazarnos, calentarnos y cocinar. Hay carbono en el plástico procedente del petróleo y en las páginas de papel de este libro. En estado puro, lo puedes encontrar en forma de carbón vegetal, grafito (la mina de tu lápiz) y diamantes: sí, tu lápiz y un diamante son primos.

La química inorgánica estudia todo lo que no está vivo: minerales, terrenos, gases y líquidos que no contienen vida. Por su parte, la química orgánica intenta comprender todos los compuestos en los que el carbono es muy abundante, un elemento que se encuentra en todo organismo vivo, junto con «socios» como el hidrógeno y el oxígeno (y, por tanto, esta disciplina está en contacto con la biología).

Ese gran vacío

Si te fijas bien, más que de polvo de estrellas, estás hecho de vacío, pero no te preocupes: incluso las rocas están hechas de espacio vacío, porque el vacío es la característica principal de todo átomo. Un átomo es, sobre todo, el espacio vacío existente entre el núcleo, donde se encuentran los neutrones y los protones, y la parte exterior, donde están las órbitas de los electrones.

Intenta imaginar que coges una pelota de tenis y la levantas por encima de tu cabeza: la pelota es el núcleo de un átomo de hidrógeno y su electrón sería como una cabeza de alfiler que orbita con un movimiento circular en todas las direcciones posibles al menos a un kilómetro de distancia. Para llegar a él deberías caminar unos diez minutos.

Y todo el vacío aparente que hay en medio es energía, que sirve para mantener todo unido.

Así que es hora de que veamos qué es toda esta energía.

¿QUÉ ES LA ENERGÍA?

En pocas palabras, la energía es algo que cambia las cosas y las transforma.

Ya conoces bien la primera fuente de energía: está siempre con nosotros, al menos durante el día.

La luz del sol (en realidad, toda la luz o, mejor, como dicen los físicos, la radiación electromagnética) está compuesta de fotones, que son como píldoras energéticas que pueden hacer que dos átomos se unan en una molécula (como ocurre con la fotosíntesis, un proceso químico a través del cual las plantas transforman la luz del sol en azúcares, proceso del que hablaremos más adelante) o pueden separarlos, y también pueden generar electricidad en paneles fotovoltaicos o ponernos morenos (pero ten siempre cuidado: usa protección solar y exponte a la luz solar con moderación).

La energía que la Tierra recibe del Sol en un día supera la que toda la humanidad consume en un año.

Es esa energía la que, partiendo del Sol y llegando a la Tierra ocho minutos después, permitió vivir a las primeras bacterias y que convirtieran la luz en energía mediante la fotosíntesis y, evolución tras evolución, llegar hasta donde estamos hoy, también gracias al efecto invernadero que nos permite vivir en una temperatura adecuada para nuestra supervivencia. ¡Todo gracias al Sol!

Solo del 2 al 3 % de la energía solar produce vida en todas sus formas: plantas, animales, hongos y todo lo que consideramos vivo en la Tierra. Es como si no usáramos el 97 % de la energía solar, que en parte se dispersa por el espacio (30 %) y en parte acaba moviendo masas de aire y agua.

La energía del fuego

Aparte de los alimentos, que son nuestra fuente de energía primordial, la primera externa a nosotros y que aprendimos a usar para fines concretos fue el fuego.

Al parecer, se descubrió hace unos dos millones de años y, desde hace unos quinientos mil lo usamos para cocinar. La energía térmica de la llama ablanda la carne, la hace más fácil de digerir y esteriliza la comida (es decir, mata buena parte de los microbios). Además, nos permite combinar sustancias que crudas no serían comestibles, como las que forman una buena hogaza de pan.

De las piedras colocadas alrededor del fuego rezuman líquidos de color gris (estaño) o rojizos (cobre). Si los juntamos, obtenemos bronce, una aleación con la que podemos construir herramientas. También gracias al fuego obtenemos arcilla y hacemos ladrillos y vasijas.

Para tener un buen fuego se necesita combustible, que al principio era estiércol de animales y, hoy, leña o gas. Antiguamente (¡aunque por desgracia todavía sucede en la actualidad!), los niños de tu edad iban a recoger el estiércol; después, las mujeres lo amasaban y lo ponían en moldes para hacer bloques que dejaban secar al sol y luego quemaban muy bien.

Posteriormente, hace más de tres mil años, llegaron las velas: las primeras fueron un simple hilo de algodón empapado en grasa animal. Y se hizo la luz.

VERDADERO O FALSO

El fuego se inventó. FALSO. En realidad, se descubrió y se inventó. El fuego existe en la naturaleza y el invento consistió en controlarlo, encenderlo a voluntad, transportarlo y usarlo para nuestros propios fines.

CRONOLOGÍA
Grandes inventos

1866
Georges Leclanché inventa la primera batería moderna, la tatarabuela de las baterías de tu *smartphone*.

1879
William Crookes descubre los rayos catódicos, que más tarde harían posible la invención del televisor.

1895
Wilhelm Conrad Röntgen hace la primera radiografía.

1907
Lee De Forest inventa el triodo, la primera válvula amplificadora: se inicia la era de los ordenadores.

1926
Robert Goddard construye el primer cohete de combustible líquido, el que se usó para llegar a la Luna y en las siguientes misiones espaciales.

1935
Robert Watson-Watt inventa el radar, esencial en la Segunda Guerra Mundial.

1960
Theodore Maiman crea el primer láser funcional.

Todo se transforma

Lo mejor de la energía es que no se crea ni se destruye, solo se transforma. En el origen de los tiempos, el Universo nació con una determinada cantidad de energía y esa misma energía es de la que dispone. A lo largo del tiempo, la naturaleza (y, con ella, nosotros, los seres humanos) «solo» ha transformado una parte de esa energía. Sin embargo, a medida que la transformamos, esta energía, aunque permanece constante, pierde algo de calidad, es decir, se vuelve menos útil para aquello que queremos hacer.

«La energía no se crea ni se destruye, solo se transforma.»

La energía pasa de los rayos solares a la superficie del mar (que, al calentarse, se evapora y forma moléculas de vapor de agua), también a la hierba que come la vaca, a los músculos de la vaca, al filete que tienes en el plato, a tus músculos, a los pedales de la bicicleta, a ti que sudas bajo el sol.

La energía, por tanto, da la posibilidad de obtener un resultado, de realizar un trabajo. A veces este resultado llega de forma completamente natural y «automática», como la ola del mar; a veces lo inducimos nosotros, como en el caso del agua que cae por una tubería desde lo alto para producir electricidad gracias al movimiento de las turbinas.

La energía se presenta en varias formas, entre otras, las siguientes:

energía térmica, que es, por ejemplo, la que está presente en el agua hirviendo y que cuece la pasta;

energía electromagnética, asociada a la luz y a la radiación, como la que calienta la leche dentro del horno microondas;

energía cinética, asociada al movimiento y a la masa de un cuerpo que se mueve;

energía eléctrica, que es aquella que, a partir de los electrones en movimiento, puede impulsar un motor, cargar una batería, etc.;

energía química, que es, por ejemplo, la que contiene la gasolina y que se libera en el motor de nuestros coches;

energía gravitacional, asociada en la Tierra a la atracción que nuestro planeta ejerce sobre todos los cuerpos;

energía nuclear, almacenada en los enlaces que unen los núcleos de los átomos, se libera mediante fisión (al dividir ese núcleo) o fusión (al combinar varios núcleos).

Sí, así es, la energía se transforma.

Este proceso lo puedes ver muy bien en la energía mecánica, aquella que aprovecha un movimiento mediante engranajes, para transformar una acción en otra: pedaleas en la bicicleta y los engranajes transforman el movimiento circular que trazas con los músculos de tus piernas, el pedaleo, en el movimiento de las ruedas que giran por el camino. La energía es algo así como una moneda: la gastas para obtener algo ventajoso. De ti depende decidir cómo y cuándo: puedes quemarla inmediatamente, usarla con cuidado y también almacenarla.

Si haces deporte regularmente, podrás utilizar mejor tu energía. ¿Haces deporte? ¿Estás cansado/a?

Ve a beber un vaso de agua, después continuaremos.

De hecho, lo retomaremos justo ahí: a partir de del vaso.

LA RUEDA

La rueda de un molino es un amplificador de energía, porque permite emplear el movimiento, incluso modesto, por ejemplo, de un pequeño arroyo, y usarlo para moler grano o sacar agua de un pozo.

Los engranajes son ruedas dentadas que encajan entre sí; una es la rueda motriz y la otra se mueve en consecuencia. El objetivo de cualquier engranaje es aprovechar al máximo la energía disponible para realizar otra acción, transformando el movimiento.

¿Pero quién inventó la rueda? Misterio. Las primeras noticias nos llegan de Mesopotamia, donde se halló una pintura que representa una carroza fúnebre con cuatro ruedas macizas. Al parecer ni a los egipcios ni a los incas se les ocurrió nada semejante, aunque sí se sabe que las ruedas dentadas se inventaron en Alejandría (Egipto) alrededor del año 100 a.C.

3

¿PARA QUÉ SIRVE EL AGUA?

¡U n grifo, un vaso y hala! Ya tienes entre tus manos más moléculas de agua que estrellas en el Universo. He aquí la molécula de H_2O, dos átomos de hidrógeno y uno de oxígeno, juntos y dispuestos con absoluta precisión en un ángulo de 104,45°.

El oxígeno y el hidrógeno se llevan muy bien, como ninguna otra pareja en la naturaleza. El agua es una de las moléculas más versátiles: la encontramos en estado gaseoso (el vapor de agua), en estado líquido y también en estado sólido, por ejemplo, en un glaciar.

La molécula número uno

Si estás compuesto por un 65 % de agua es porque el agua es fundamental, dentro y fuera de ti. Es imprescindible para la digestión, la absorción, el transporte y el uso que haces de los nutrientes que ingieres, sirve para mantener la piel elástica y bien hidratada, para hacerte sudar cuando tienes demasiado calor, para hacerte llorar cuando estás triste y para eliminar los residuos cuando orinas. Es una molécula fuerte y resistente: romper los enlaces entre el hidrógeno y el oxígeno es muy difícil. Pero también es acogedora y afable, siempre dispuesta a estar con todos.

Y hay tantísima que, en lugar de Tierra, a nuestro planeta deberíamos llamarlo Agua.

El agua invisible

El agua no solo se usa para beber, cocinar, lavar, cultivar los campos o criar animales. El agua es una auténtica materia prima de la industria. Por ejemplo, en el ciclo de fabricación de un par de zapatos de piel se usan como mínimo 8.000 litros de agua. ¿Una camiseta de algodón? 2.650 litros. ¿Un jersey de lana? 6.000. Para fabricar un coche se necesitan entre 25.000 y 30.000 litros de agua; para hacer una fotocopia, 10 litros; una bandeja de poliestireno para envasar alimentos, un par de litros. Producir lo que comes también «cuesta» agua: se necesitan más de 2.000 litros para que una chuleta de ternera termine en tu plato; para una manzana, 70; para un kilo de queso, 5.000; para un vaso de leche, 200; para un muslo de pollo, 600, y 140 litros para una taza de café. Pero el *summum* del despilfarro es el bocadillo de comida rápida: para una hamburguesa XXL, con sus ocho, nueve o diez ingredientes, se consumen entre 2.800 y 3.000 litros de agua (sin mencionar el coste en agua del cocinero y de las personas que te la han preparado y servido).

Cada producto que puedes comprar tiene una «huella hídrica» (*water footprint*, en inglés) que indica su sostenibilidad en términos de agua. Busca en internet cualquier objeto y descubrirás que, por ejemplo, algunas fibras sintéticas y «técnicas» son más sostenibles que las fibras naturales de algodón y lana (las cuales, sin embargo, probablemente podrás utilizar más veces) y que, lamentablemente, unos pantalones tejanos con la correspondiente camiseta «cuestan» en agua lo mismo que un móvil (unos 13.000 litros, a menos que tengan la etiqueta «Water footprint» o «Ecolabel»).

Si calculamos todo el proceso de producción del café, una sola taza «cuesta», en términos de agua, 120 litros. Y, con las cápsulas, más de 200. *What else?*

¿Cuánta agua hay?

En 2012, el Instituto Internacional del Agua de Estocolmo (SIWI) predijo que quizá en 2050 no tengamos suficiente agua potable para una población mundial prevista de nueve mil millones de habitantes, entre otras causas, porque «desperdiciamos» al menos el 25 %.

En el sector agrario, el agua se usa para regar los cultivos y abrevar el ganado. En la industria, sirve para enfriar los equipos y lavarlos tras su uso (todo ello, con agua que, si se conservara, se podría reutilizar). Pero el verdadero problema es que el agua dulce no está distribuida equitativamente por todo el mundo: en relación con el número de habitantes, hay más agua disponible en América del Sur, Oceanía y América del Norte que en Europa, Asia y África (disponibilidad que varía entre los 250 metros cúbicos por persona de los países árabes y los 70.000 de Canadá). En Europa existe una enorme disponibilidad en Dinamarca, Noruega, Suecia, Islandia e Irlanda; las regiones alpinas y balcánicas se sitúan en una franja intermedia, y las condiciones más difíciles se dan en los demás países, que no son solo los bañados por el mar Mediterráneo. Con menos de 1.500 metros cúbicos, Alemania, Polonia y Rumanía están por debajo.

EL AGUA EN ESPAÑA

Desde siempre los territorios de la cuenca mediterránea han sufrido escasez de agua de carácter estacional, pero, en el contexto mundial y en su conjunto, España no puede considerarse un país seco.

Según datos recientes, España cuenta con una media de unos 2.350 metros cúbicos por habitante. Pero los recursos hídricos disponibles muestran enormes diferencias por zonas, debidas a la diversidad climática del país. El acceso al agua es uno de los mayores problemas que tenemos, también por el cambio climático, los incendios y un uso no sostenible de este bien. Una parte significativa de nuestro territorio está en riesgo de desertificación.

Si a ello añadimos que el clima está cambiando, que en Europa llueve con menos regularidad y que la demanda de agua de las producciones agrícola y ganadera es creciente, quizá pronto nos acerquemos al llamado «pico de Hubbert», el ritmo de explotación supera el de renovación natural.

A decir verdad, el señor Hubbert había estudiado este fenómeno en relación con los combustibles fósiles, como el carbón y el petróleo (que tardan miles de años en «formarse» y nosotros explotamos muy rápido), pero hoy incluso corremos el riesgo de no ser capaces de renovar el agua dulce a través del ciclo del agua.

Solo una parte del agua pluvial va a los ríos, lagos y, por último, al mar (puedes ver el ciclo del agua en las viñetas de la página siguiente): el suelo absorbe mucha y recarga las capas freáticas, que son los enormes depósitos subterráneos de donde extraemos la mayor parte del agua potable que se usa en las ciudades. Pero si tenemos muchas carreteras y aparcamientos, y cada vez más terrenos «impermeables», este suministro ya no funciona y nos arriesgamos a extraer agua más rápido de lo que tarda el planeta en reemplazarla.

EL CICLO DEL AGUA

LAS MOLÉCULAS DE AGUA SON INDESTRUCTIBLES, DE MANERA QUE LAS ACTUALES SON PRÁCTICAMENTE LAS MISMAS QUE SE FORMARON HACE MILLONES DE AÑOS.

LOS RAYOS SOLARES HACEN QUE SE EVAPOREN DEL MAR.

FORMAN LAS NUBES QUE LOS VIENTOS TRANSPORTAN AQUÍ Y ALLÁ.

CAEN AL SUELO EN FORMA DE LLUVIA O NIEVE.

PENETRAN EN LA TIERRA HASTA LLEGAR A LAS ROCAS IMPERMEABLES, DONDE FORMAN ACUÍFEROS Y RÍOS SUBTERRÁNEOS.

TÚ BEBES AGUA, USAS AGUA PARA COCER LOS ALIMENTOS, DUCHARTE, ORINAR, SUDAR, LLORAR. EL AGUA SIGUE SIENDO LA MISMA, REGRESA AL MAR Y VUELTA A EMPEZAR.

4

¿CÓMO SE MIDEN LAS COSAS?

¿Qué usas tú para medir las cosas? ¿Una regla? ¿Una jarra de un litro? ¿Un cronómetro? ¿Una báscula? ¿Un termómetro? Sea lo que sea que estés midiendo, necesitas un instrumento apropiado.

Hace unos siglos, cuando Galileo Galilei empezó a medir los resultados de sus experimentos, usó instrumentos que hoy nos parecen muy simples, pero que no eran imprecisos.

Tales instrumentos fueron fundamentales para el nacimiento del método científico. Haz lo siguiente: observa la naturaleza, hazte una pregunta y formula una hipótesis que la explique. Pon a prueba tu explicación con un experimento y mide los resultados. Vuelve a repetirlo y pide a un amigo que no conozca tu hipótesis que haga el mismo experimento por su cuenta. Comprueba si los resultados son los mismos para saber si tenías razón o no. Si los resultados son diferentes a tu teoría inicial y si has hecho bien el experimento y las observaciones, ¡tienes que cambiar tu teoría! ¡La física es una ciencia experimental!

Como diría nuestro duende minero Ele Mento: «Lo que tú llamas «verdad científica» es válido ahora, con los instrumentos de que dispones en este momento, pero podría no serlo en el futuro».

LA PRECISIÓN, ¡ESA GRAN DESCONOCIDA!

Las unidades de medida funcionan si son comunes, es decir, compartidas y seguidas por todos.

Las civilizaciones del pasado (asirio-babilónica, egipcia, romana, etc.) se esforzaron mucho por construir sistemas de medición uniformes, pero todo se perdió en la Edad Media.

Hasta hace un par de siglos, casi cada ciudad tenía su propia unidad de medida.

Con unas 250.000 unidades de medida diferentes, Francia ostentaba el récord, pero, sin ir más lejos, en España, no hace tanto, las longitudes se medían por leguas, estadales, varas o sexmas, la extensión de los campos se calculaba por fanegas, la leche la comprabas por arrobas o por azumbres y la avena por cahíces o celemines y pesabas en adarmes y tomines, entre muchas otras unidades (y estas eran las legisladas por Carlos IV en 1801, de manera que habría muchas otras que no se consideraban oficiales).

En definitiva, nada más salir a comprar, ¡te dolía la cabeza!

Por tanto, la ciencia cambia gracias al trabajo de muchísimos científicos, a través de sus experimentos. Y el hecho de que cambie no quiere decir que esté mal: ese cambio significa que se vuelve cada vez más precisa.

Damas y caballeros, ¡el metro!

En 1790, los revolucionarios franceses pidieron a los científicos que encontraran un nuevo sistema de medición de longitudes, pesos y volúmenes que fuera igual para todos y, sobre todo, fácil de usar para hacer los cálculos cuando se trataba de cerrar un trato.

De esta manera nació el sistema métrico decimal, basado en el metro, la diezmillonésima parte del meridiano de París, el meridiano terrestre que conecta el polo norte con el ecuador, pasando muy cerca de París. ¿Vale? Pero, a ver, ¿cuánto medía ese meridiano?

Nadie lo había medido todavía con precisión. Y en esas que, mientras la Revolución seguía su curso y los franceses combatían, dos astrónomos se propusieron medir ese meridiano, concretamente el tramo que va de Dunkerque a Barcelona. Uno partió desde el extremo norte, Dunkerque, y el otro

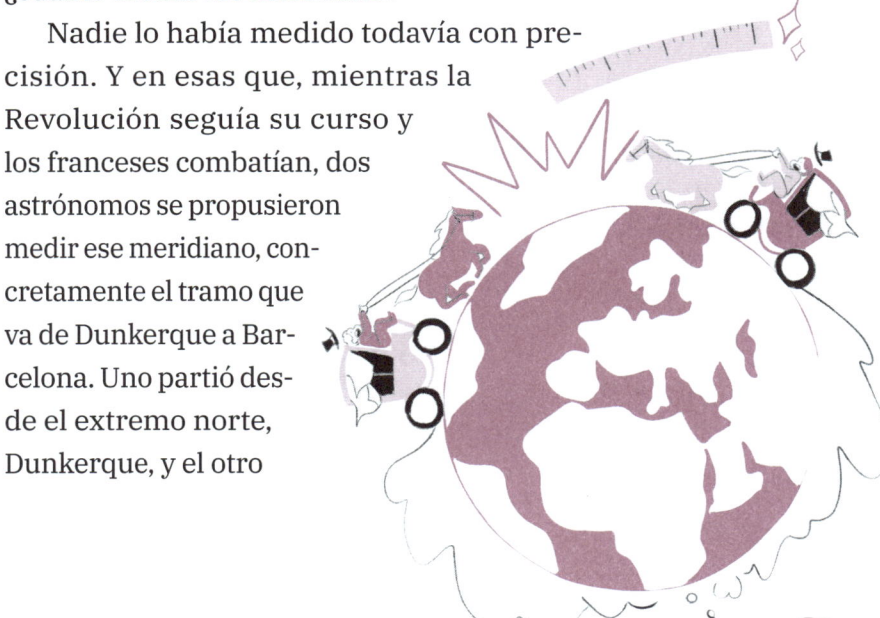

del sur, y se encontraron a mitad de camino. Se llamaban Delambre y Méchain, y viajaban en dos carruajes especiales reforzados, donde cabía una cama para pasar la noche, y con todos sus instrumentos de medición. Por supuesto, vivieron cientos de anécdotas: les destruyeron los diarios, sufrieron palizas y persecuciones y terminaron encarcelados... y, por todo ello, tardaron nueve años en completar la tarea.

No obstante, después de infinitas mediciones, por fin, se obtuvo un metro de platino. Desde ese momento, la longitud de un metro es siempre la misma en todo el mundo.

Más adelante, a partir del metro, se creó un sistema común internacional para la medida de magnitudes, el sistema métrico decimal: hoy en día el Sistema Internacional que funciona en casi todo el mundo.

Sin embargo, una vez creado el sistema, hubo que convencer a todos para que lo usaran, y para ello fueron necesarios al menos cincuenta años. Aun así, continuamos comprando los huevos por docenas y los ingleses, enemigos históricos de los franceses, han mantenido vivo un sistema paralelo propio.

GRANDES Y PEQUEÑOS

Si tienes que multiplicar muchas veces un metro o un gramo, debes cambiarle el nombre: hecto (1 seguido de 2 ceros), kilo (de 3 ceros), mega (6 ceros), giga (9 ceros), tera (12 ceros), zetta (21 ceros) y yotta (24 ceros).

Si tienes que dividirlo, justo después del mili (3 ceros) viene el micro (6 ceros), el nano (9 ceros), el pico (12 ceros), el zepto (21 ceros) y el yocto (24 ceros). ¿Me das un zeptogramo de leche?

MAGNITUD FUNDAMENTAL	UNIDAD DE MEDIDA	
	SISTEMA INTERNACIONAL	SISTEMA ANGLOSAJÓN
LONGITUD	METRO (m)	PIE (ft)
MASA	KILOGRAMO (kg)	LIBRA (lb)
INTERVALO DE TIEMPO	SEGUNDO (s)	HORA (h)
INTENSIDAD DE LA CORRIENTE ELÉCTRICA	AMPERIO (A)	AMPERIO (A)
INTERVALO DE TEMPERATURA	KELVIN (K)	GRADO FAHRENHEIT (°F)
INTENSIDAD LUMINOSA	CANDELA (cd)	CANDELA (cd)
CANTIDAD DE MATERIA	MOL (mol)	MOL (mol)

Medir el tiempo

Desde la Antigüedad, las primeras medidas del tiempo estaban asociadas a fenómenos astronómicos, como los movimiento de rotación y de traslación de la Tierra alrededor del Sol. Además, el tiempo también se calculaba con relojes de sol, por la longitud de las sombras, con relojes de agua o clepsidras y con relojes mecánicos. En el siglo XVII, gracias a los estudios de Galileo sobre el movimiento del péndulo, aparecieron los relojes de péndulo, que enseguida fueron mucho más precisos que sus antecesores.

¿Alguna vez has oído hablar de los *nudos*?

El nudo es la unidad de medida de la velocidad (en un instante concreto) en el mar. ¿Por qué nudos? Porque los marineros arrojaban al agua un barril atado a una cuerda con una serie de nudos y contaban cuántos nudos pasaban entre sus dedos cada treinta segundos.

LAS MEDIDAS MÁS EXTRAÑAS

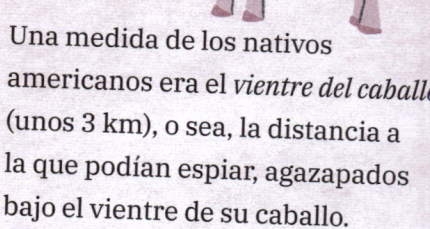

Una medida de los nativos americanos era el *vientre del caballo* (unos 3 km), o sea, la distancia a la que podían espiar, agazapados bajo el vientre de su caballo.

En el año 800 no había hojas A4, sino un formato protocolo (42×37 cm), uno elefante (71×58 cm) y uno doble elefante. Con algunas modificaciones, todos han llegado hasta nuestros días.

El *poronkusema* finlandés es la distancia que un reno puede recorrer antes de detenerse para orinar (unos 7,5 km).

En la antigua Roma, los campos se medían en yugadas (*iugera*), es decir, la superficie que una yunta de bueyes puede arar en un día (unos 2.519,9 m^2).

El *mickey* es la longitud del desplazamiento detectable más corto de un ratón informático. Corresponde aproximadamente a una décima de milímetro.

Medir el «dónde»

Durante años, nos hemos perdido usando mapas de papel y, en la actualidad, te puedes perder con el GPS de tu móvil. Los mapas GPS son los más precisos que hemos tenido jamás, e incluso más eficaces, porque marcan dónde te encuentras.

Son mapas completamente digitales y la orientación se basa en un sistema de satélites y receptores portátiles.

Para localizar tu posición en el espacio, deben recibir la señal de tres satélites, cada uno de los cuales te dice «Estás aquí, esta es tu posición». El sistema GPS analiza la señal de los tres satélites que tiene más cerca. Midiendo el tiempo que tardan las señales individuales en recorrer el trayecto satélite-GPS-satélite (y sabiendo a qué velocidad se mueven las ondas electromagnéticas, es decir, unos 300.000 kilómetros por segundo), el GPS identifica tu posición exacta.

«Los mapas GPS se basan en un sistema de satélites y receptores portátiles.»

Y, ahora que sabes dónde estás, ánimo, volvamos al trabajo.

¿Qué? ¿Ya empiezas a cansarte?

¿POR QUÉ CANSA TRABAJAR?

La respuesta fácil es que trabajar significa actuar, moverse y, para hacer cualquier tipo de actividad, necesitas usar energía. Y cuando consumes energía, te cansas.

¿Qué dices? ¿Que buscarás un trabajo en el que puedas estar quieto? Imposible: todo se mueve. ¿Cómo?

Galileo Galilei pasó días enteros haciendo rodar pelotas por planos inclinados y midiendo su movimiento.

Y, jugando con todas esas pelotas, descubrió la existencia de una fuerza que las atraía hacia abajo (y las aceleraba) y la fricción del aire (que las hacía frenar).

Así que siempre hay algo que te atrae y algo que te frena. Como cuando quieres ir a ver a algún amigo o amiga y preguntarle si quiere ir al cine contigo.

Y también hay un tercer elemento: la inercia, la propiedad de un objeto que describe su resistencia, su capacidad para «resistirse» a las fuerzas (y al movimiento) a las que está sometido.

Todo esto constituye el movimiento. Movimiento o moción, pero no movida ni movidón (¡no nos pasemos!).

Venga, muévete y ponte en marcha.

¡Que las fuerzas te acompañen!

Si piensas que una ley se compone de una serie de palabras difíciles es porque nunca has visto cómo las escriben los físicos, quienes, con unos pocos conceptos y símbolos son capaces de describir todos los movimientos, absolutamente todos, ¿eh? ¡Desde el de una hormiga hasta el de una nave espacial!

Podemos entender el movimiento a través de tres leyes. ¿Listo para conocerlas? ¡Que la fuerza nos acompañe!

No, no la de *Star Wars*, sino la magnitud que especifica la intensidad con la que se transforma la energía.

Ya sabemos que un cuerpo, aunque esté quieto, tiene energía, la capacidad para moverse o transformarse, pero, para hacerlo, necesita la fuerza. La fuerza provoca una interacción entre dos o más cuerpos. Dicha interacción se puede dar por contacto (imagínate tirando de un carrito o dando patadas a una pelota) o a distancia, como ocurre, por ejemplo, con un imán al atraer virutas de hierro a pesar de encontrarse algo lejos.

Otros ejemplos son la fuerza gravitacional, aquella que te ancla al suelo, o la fuerza que mantiene a los electrones cerca del núcleo de su átomo. Y también hay otras fuerzas que mantienen unidos a los átomos entre sí, para formar las moléculas que componen los materiales que forman el mundo. Y, por cierto, el resultado de la aplicación de fuerza a un cuerpo es el «trabajo», ¡así que ya sabemos que trabajar consiste en utilizar la fuerza y, sí, cansar, cansa!

Resumiendo, todas las fuerzas que puedas imaginar en el Universo se pueden concretar en cuatro tipos, las llamadas «interacciones fundamentales»:

* la fuerza gravitacional,
* la fuerza electromagnética,
* la fuerza nuclear fuerte,
* la fuerza nuclear débil.

¡QUÉ FUERTES, ESAS TRES LEYES!

PRIMERA LEY DE NEWTON

Enunciado: si la suma de las fuerzas que actúan sobre un cuerpo es cero o si sobre este no actúa ninguna fuerza, si el cuerpo está en movimiento continuará moviéndose con un movimiento rectilíneo uniforme. Sin embargo, si está quieto, permanecerá quieto.

Es decir, si no empujas un determinado objeto, este se queda quieto o continúa moviéndose en línea recta y con velocidad constante. Si no empujas un carro que está quieto, se queda quieto. Si no empujas un carro que se mueve continúa moviéndose impasible. No obstante, la experiencia nos señala que, si un cuerpo se mueve sin que actúen fuerzas sobre él, tarde o temprano se detiene Entonces, ¿está equivocada la ley?

¡No! Porque en realidad los cuerpos en movimiento son ralentizados por las fricciones, de las que muchas veces nos olvidamos, pero, de hecho, son ¡fuerzas! Fuerzas que «tiran» en sentido contrario a la fuerza principal (el empuje) que hemos aplicado.

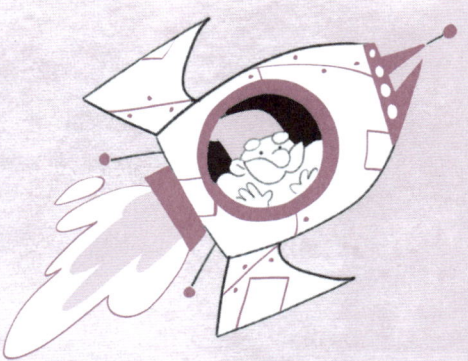

TERCERA LEY DE NEWTON

Enunciado: por cada fuerza que un cuerpo A ejerce sobre otro cuerpo B, existe otra fuerza igual , pero en sentido opuesto, de B sobre A.

Es decir, a toda acción le corresponde una reacción igual y opuesta. Cuando el motor de un cohete expulsa una llamarada hacia abajo, empuja el resto del cohete hacia arriba. Las fuerzas siempre actúan emparejadas: una apunta en el sentido deseado y, la otra, en el opuesto. Imagina una mesa de billar: la bola blanca, que golpea e impulsa la roja, se detiene poco después, porque la roja ha reaccionado con un empujón contrario. Si empujas a un amigo y se cae, tú también vas un poco hacia atrás. Si das un empujón a una pared con tu hombro, solo tú sales volando hacia atrás y caes al suelo (ha ganado la pared).

SEGUNDA LEY DE NEWTON

Enunciado: dada una cierta fuerza que actúa sobre un cuerpo, la aceleración es proporcional a la fuerza e inversamente proporcional a su masa y tiene la misma dirección y sentido que la fuerza.

Es decir, cuanto más empujas algo, más se acelera. Y si con la misma fuerza (digamos la de tus brazos) empujas una bicicleta o un tren, los efectos sobre su movimiento, o sea, la aceleración, son diferentes. De hecho, la aceleración es la rapidez con la que varía la velocidad de un cuerpo. Si empujas una carretilla vacía, en poco tiempo haces que vaya rápido, pero, si con la misma fuerza empujas esa carretilla llena de piedras, tardas mucho más. Venga, que esta era fácil.

La manzana que te levanta

En cada acción cotidiana los intercambios de energía se valoran usando diversas unidades de medida: para calcular el efecto de la energía que aumenta la temperatura de un objeto o del aire, usas los grados centígrados o los grados Fahrenheit, las kilocalorías para lo que comes, los kilovatios-hora para las bombillas, las frigorías para los aires acondicionados y los frigoríficos. Pero todas estas cantidades se basan en el julio (o *joule*). En el Sistema Internacional de Unidades, el julio es la unidad de medida de la energía. Un julio corresponde más o menos a la cantidad de energía necesaria para levantar una manzana aproximadamente medio metro. La bombilla LED que tienes en tu habitación necesita unos 100 julios cada segundo. Cuando corres 30 metros para perseguir el autobús, gastas 1.000 julios y, cuando tu madre o tu padre encienden el coche, este usa unos 50.000 julios en los primeros segundos. Y, ahora, agárrate: un trozo de tarta de arándanos contiene unos 2 millones de julios, exactamente la cantidad necesaria para subir 300 tramos de escalones. ¿Te has comido dos trozos? ¡Pues sube 600!

«La unidad de medida de la energía en el sistema internacional es el julio.»

La energía siempre se está transformando. Cuando llenas el depósito de gasolina, es como si metieras una pata de *Tyrannosaurus rex* en el motor. Y mientras estás aquí leyendo, en algún lugar del mundo un trozo de bosque se está mineralizando para acabar siendo un yacimiento de gas, petróleo o carbón. El problema es que tú llenas el depósito de tu moto cada semana y el bosque tarda millones de años en convertirse en combustible fósil.

PELIGRO: DIÓXIDO DE CARBONO

CO_2: un átomo de carbono y dos átomos de oxígeno van de paseo cogidos de la mano, ¿cómo es posible que se hayan convertido en el gran problema de la humanidad? El dióxido de carbono no es una molécula venenosa: ingieres muchísimos millones cada vez que bebes un vaso de agua con gas, se encarga de dar forma a los agujeros en el queso emmental y hace crecer las hogazas de pan. En las latas, permite que las alubias y la salsa de tomate se mantengan sin que crezca el moho. ¿Y entonces? El problema es que el CO_2 se forma cada vez que quemas algo de origen orgánico: madera, carbón, petróleo o gas natural. Incluso cuando pulsas un interruptor en casa, en el otro extremo del cable hay una central termoeléctrica que escupe CO_2 para producir la electricidad que necesitas. El CO_2 pasa a la atmósfera formando una capa que hace que el planeta retenga calor (sin CO_2 viviríamos a −15 °C), pero, como quemamos continuamente para producir energía, el espesor de esa capa aumenta y la temperatura global sigue subiendo. La cantidad de CO_2 se mide en kilogramos: una ducha caliente produce unos 200 gramos, pero cuesta imaginarlos de esta forma. Probemos de nuevo con tu mochila escolar, esos 200 gramos de CO_2 llenan algo más de tres mochilas. Sí, lo has entendido: menos duchas para todos.

Con las máquinas de vapor y la revolución industrial, aprendimos a utilizar bien la energía; antes solo sabíamos usar la energía muscular de los animales y poco más, como la del agua que fluye por un río. Empezando por los telares mecánicos y por las locomotoras, la fuerza del vapor a presión movió los primeros motores de la era moderna. Al menos hasta la llegada de la corriente y los motores eléctricos, de los que hablaremos en el siguiente capítulo.

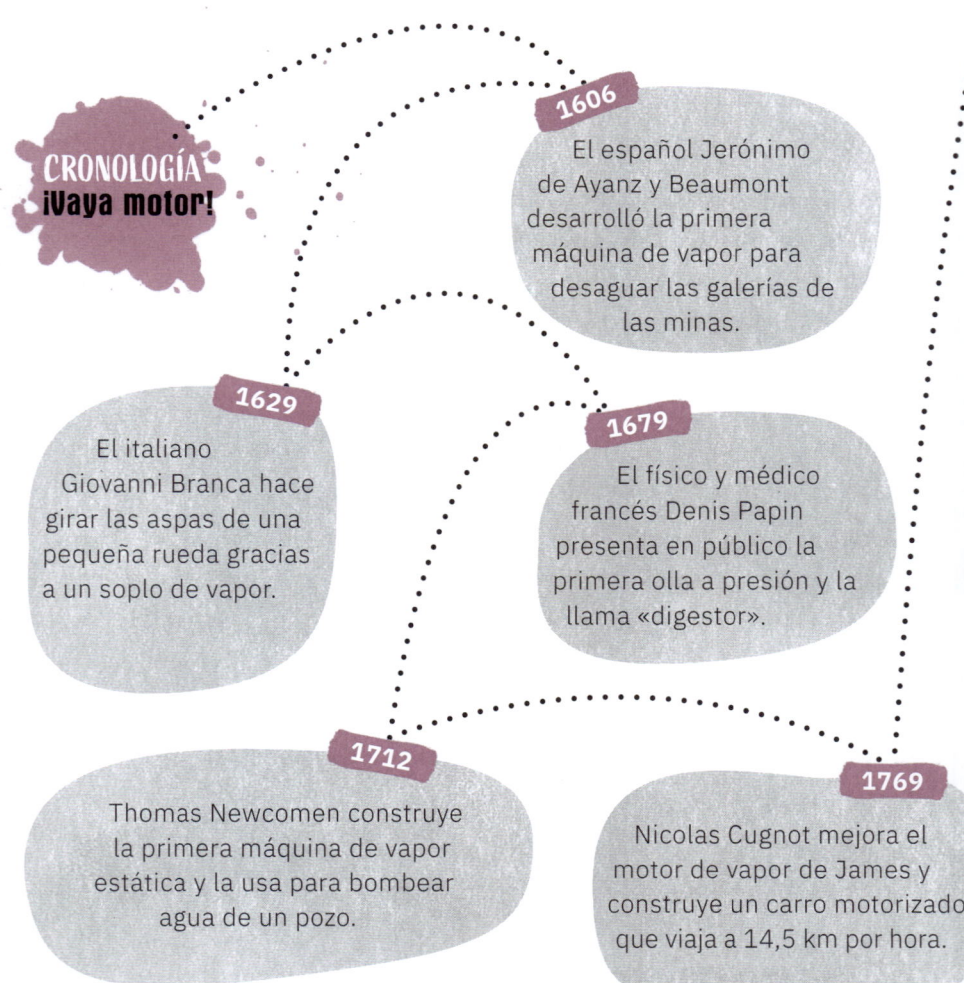

CRONOLOGÍA ¡Vaya motor!

1606
El español Jerónimo de Ayanz y Beaumont desarrolló la primera máquina de vapor para desaguar las galerías de las minas.

1629
El italiano Giovanni Branca hace girar las aspas de una pequeña rueda gracias a un soplo de vapor.

1679
El físico y médico francés Denis Papin presenta en público la primera olla a presión y la llama «digestor».

1712
Thomas Newcomen construye la primera máquina de vapor estática y la usa para bombear agua de un pozo.

1769
Nicolas Cugnot mejora el motor de vapor de James y construye un carro motorizado que viaja a 14,5 km por hora.

1807

Robert Fulton bota el barco *Clermont* en Nueva York. Con él hará la primera travesía a vapor del Atlántico.

1829

En Rainhill (Inglaterra) cuatro máquinas de vapor compiten por inaugurar la nueva línea ferroviaria Liverpool-Manchester.

Una fricción aterradora

Si intentas empujar un mueble sobre un suelo pulido o sobre el césped, descubrirás tú solito el concepto de *fricción*: sobre el césped es mucho más agotador, porque el césped presenta mucha más fricción. ¿Y qué es la fricción? Es la fuerza que actúa entre dos superficies en contacto que se mueven la una respecto de la otra. La importancia de esta fuerza depende, ante todo, de la rugosidad o aspereza de las dos superficies (y está claro que el césped es más rugoso que el suelo pulido). La fricción disminuye si hacemos que las superficies sean deslizantes y, para ello, a veces basta con un poco de aceite o grasa. Estas sustancias se llaman «lubricantes» y rellenan todas las depresiones microscópicas de las superficies, que siguen siendo rugosas, pero la fina película que ese lubricante ha creado favorece el deslizamiento.

Incluso el aire causa fricción.

Sea cual sea la dirección en la que tiene lugar el movimiento, la fricción «tira» en sentido opuesto y siempre es paralela a la superficie de deslizamiento. Cuando vas en bicicleta, ¿por qué te cuesta más pedalear sobre arena que sobre asfalto?

Porque las ruedas están sometidas a más fricción sobre arena que sobre asfalto.

La velocidad

La velocidad de un cuerpo que se pone en movimiento depende de su aceleración (y, por tanto, de la fuerza motriz neta aplicada al cuerpo) y del tiempo durante el cual se aplica tal fuerza. Cuanto más uses tus músculos, más rápido corres y te mueves (y te cansas). Moverse en el aire es más fácil que en el agua (¡¿en serio?!), porque la atmósfera es un fluido que se abre fácilmente cuando lo atravesamos. Incluso el submarino más rápido es más lento que el autobús que te lleva a la escuela por la mañana (el récord de velocidad submarina es de 74 km por hora, poco más que un ciclista bien entrenado).

Si la atmósfera desaparece, la velocidad aumenta: no es casualidad que los aviones de pasajeros traten de ascender a gran altura antes de emprender su viaje. A mayor altura, menos densa es la atmósfera y resulta más fácil atravesarla. Pero nada que ver con el espacio abierto: la nave espacial *Apollo* viajó hacia la Luna a 40.000 km por hora y la sonda *Helios* a 252.800 km por hora. ¡Menuda fuerza! No hay nada que te detenga y, por tanto, el movimiento inercial del vehículo no se ve obstaculizado hasta que choca con un asteroide o se ve sometido a la atracción gravitacional de una estrella o de un planeta.

De todos los vehículos, el más eficiente es la bicicleta. Transforma el 90 % del trabajo muscular del ciclista en energía en movimiento. ¿Y luego? Bueno, después vienes tú. Si tus piernas trabajan, son capaces de transformar en movimiento del 65 al 70 % de la energía química que tomas de los alimentos. Y esto explica muchas cosas, empezando por el hecho de que, después de una buena carrera, tengas un hambre de lobo. El lobo también es muy eficiente, más que el coche, pues este último solo convierte el 25 % de la energía del combustible en movimiento real. En cualquier caso, si crees que eres muy veloz corriendo, más que Usain Bolt, debes saber que un día el señor Joseph Kittinger saltó desde un globo aerostático a 31.330 metros de altura (más del triple de la altura del monte Everest) y, antes de abrir el paracaídas, alcanzó una velocidad de caída de 989 km por hora.

Todo un salto, ¿eh?

6

¿CUÁNTO SE MUEVE UN ELECTRÓN?

Continuamente: nunca está quieto.

Podríamos decir que salta como las ranas, ya que con las ranas se hicieron los primeros estudios modernos para comprender mejor la electricidad. Fue Luigi Galvani quien se dio cuenta de que podía activar las ancas de una rana, incluso si el animal estaba muerto y bien muerto.

Más tarde, el 20 de marzo de 1800, Alessandro Volta llevó la primera pila eléctrica a la Royal Society de Londres: estaba formada por discos de cobre separados por otros discos de paño humedecido. Al conectar sus dos extremos (y cerrar el circuito), se creaban pequeñas descargas eléctricas.

Después Volta se retiró. Necesitaba... cargar pilas.

Cargado a tope

Toda la materia está formada por átomos y los átomos están formados por partículas aún más pequeñas: algunas tienen una carga eléctrica positiva (los protones); otras, una carga negativa (los electrones), y un tercer tipo de partículas no tiene carga eléctrica (los neutrones).

La **ELECTRICIDAD** es el movimiento de las cargas negativas, que fluyen en los materiales conductores como la corriente de un río invisible.

Por tanto, se trata de un flujo de electrones que se desplazan a lo largo de los materiales que les permiten fluir (los llamados buenos conductores, como el cobre, y, en general, los metales). La corriente eléctrica es muy rápida, la percibes como instantánea y viaja desde la central eléctrica más cercana hasta el interruptor de tu casa, donde la utilizas para encender algo (bombilla, televisor), generar calor (radiador, placa de cocina, soldador, horno microondas) o producir movimiento (ventilador, batidora, puerta automática, ascensor, trenes y coches eléctricos).

Su único defecto es que es difícil conservarla durante mucho tiempo.

Vaya, ¡no para quieta!

GLOSARIO

ELECTRICIDAD

En el año 600 a.C., Tales de Mileto descubrió que el ámbar, al frotarlo de forma adecuada, atraía cuerpos ligeros. En griego, el ámbar se denomina *élektron*.

Las baterías

Si quieres acumular esta energía y usarla más adelante, puedes emplear las baterías.

Para ir de excursión a la montaña, te llevas el agua en una botella, pero... ¡almacenar electricidad en las baterías es mucho más difícil!

Las baterías son aparatos con una estructura química parecida a la de la pila de Volta. En su interior hay celdas, organizadas en módulos, donde tienen lugar reacciones de reducción-oxidación, unos procesos químicos que generan energía eléctrica entre los dos polos de la batería.

Uno de los polos se llama ánodo (+) y el otro, cátodo (–), pero nadie sabe nunca cuál es cuál... ¿Tú sí? Pues pon tú las pilas en el mando a distancia, ¡gracias!

CÓMO FUNCIONA UNA PLACA SOLAR

¿Tienes presente la imagen de una mesa de billar? Pues una placa solar es una especie de mesa de billar para electrones. Cada rayo solar que incide sobre ella es como una serie de bolas (los fotones) que chocan con otras bolas (los electrones) presentes en los materiales que componen la propia placa. Al recoger los electrones en movimiento, se organiza el flujo eléctrico de salida. Se llama «efecto fotoeléctrico» y es un principio que fue descubierto por un joven de veintiséis años llamado Albert Einstein.

Las baterías tienen diferentes capacidades, o sea, pueden almacenar distintas cantidades de energía, y diversos voltajes, que indican cuán rápido pueden suministrar electricidad.

La corriente eléctrica solo puede fluir en una dirección, como en las pilas desechables (por ejemplo, las clásicas AA), que se agotan poco a poco y no se pueden recargar.

Las baterías más antiguas solo se podían recargar en las fábricas y una única vez, pero hoy en día prácticamente todos los aparatos eléctricos portátiles cuentan con baterías que puedes recargar en casa incluso cientos de veces, como las de tu móvil o las de la luz LED que llevas montada en el manillar de tu bicicleta.

El rendimiento de las baterías (cuánta energía pueden almacenar, cuánto duran, con qué velocidad puedes recargarlas) depende de los materiales con los que están fabricadas. Estas características están escritas en la etiqueta con diferentes tipos de siglas. Es cierto que son muchas, a veces demasiadas, y que haría falta un sistema más sencillo, pero en internet puedes encontrar tablas que explican dichas siglas.

LA FÍSICA NUCLEAR

La era de la física atómica empezó a finales del siglo XIX y nos ayudó a comprender mejor la composición de la materia, hasta sus componentes más inimaginables.

A lo largo de la primera mitad del siglo XX, los científicos intentaron comprender mejor el átomo, especialmente, su estructura interna, algo que no era fácil sin poder verlo ni siquiera con el más potente de los microscopios.

En la década de 1930, un grupo de jóvenes científicos que pasaron a la historia como «los chicos de la vía Panisperna» (la calle de Roma en la que se hallaba su instituto de física) lograron con numerosos experimentos comprender mejor la estructura del átomo e imaginar cómo sería abrirlo. El primero en hacerlo fue Enrico Fermi, que recibió el premio Nobel de Física en 1938, poco antes de tener que huir a Estados Unidos por ser su esposa judía. En Chicago, en un laboratorio construido bajo las gradas del estadio deportivo de la universidad, consiguió obtener una reacción nuclear en cadena al bombardear un átomo con energía: esta rompía el átomo y la energía resultante se aprovechaba a su vez para romper otros átomos cercanos.

Este descubrimiento nos llevó a construir centrales nucleares capaces de producir electricidad y, por desgracia, también a provocar algunos desastrosos accidentes y a heredar unos residuos radioactivos difíciles de eliminar, así como a fabricar las terribles bombas atómicas.

DESDE QUE, EN 1780, LUIGI GALVANI
DESCUBRIÓ LA «ELECTRICIDAD ANIMAL», NO HEMOS DEJADO
DE INVENTAR DISPOSITIVOS ELÉCTRICOS.

BOMBILLA (1879):
THOMAS EDISON Y
ALESSANDRO CRUTO

TELEVISIÓN (1929):
VLADÍMIR ZVORIKIN

HORNO (1946):
PERCY SPENCER

PLANCHA (1882):
HENRY W. SEELY

MÓVIL (1980):
MOTOROLA

NEVERA (1871):
CARL VON LINDE

ÓRGANO ELECTRÓNICO (1934):
LAURENS HAMMOND

GUITARRA (1931):
GEORGE BEAUCHAMP,
PAUL BARTH,
HARRY WATSON

SPACE INVADERS

WALKMAN (1979):
SONY

MÁQUINA DE ARCADE SPACE
INVADERS (1978): SONY

MÁQUINA
FOTOGRÁFICA
DIGITAL (1981):
SONY

CD (1982):
PHILIPS Y SONY

¿DE QUÉ ESTÁ HECHO EL MUNDO?

¿QUÉ SIGNIFICA *NATURAL*?

¿Cuántas veces has oído que una determinada cosa es *natural*? ¿Un filete natural? ¿Una camiseta de fibras naturales? ¿Un suelo natural?

¿Qué significa? ¿Que existe en la naturaleza incluso sin tu ayuda? Y tú, ¿eres natural? ¿Qué no es natural?

El plástico, por ejemplo, no es natural, porque lo inventamos desde cero.

¿Y la porcelana china del juego de té de nuestra tía abuela? En este caso, de forma ingeniosa, se transformaron elementos tomados de la naturaleza hasta obtener porcelana. Entonces, ¿es natural?

En el supermercado, cuando en un envase de alimentos ves escrito que «no contiene aditivos químicos», ¿qué te está diciendo exactamente esa etiqueta? ¿Qué es un aditivo?

Un aditivo es cualquier sustancia no presente originalmente en el alimento ni en sus ingredientes básicos que ha sido añadida para procesarlo, conservarlo y envasarlo.

La cuestión es que tememos la presencia de determinados productos, como los colorantes o los conservantes, o, mejor dicho, sospechamos que se usan más de la cuenta y no son saludables. Quizá esto era así en el pasado, pero hoy los alimentos están mucho más controlados.

Todo es químico

Incluso el aire es químico. Tu cuerpo es una central de reacciones químicas, ya sea cuando comes o cuando bebes, respiras, corres y duermes. Tu sofá es químico y, la verdad, menos mal, pues de lo contrario seguirías sentado sobre un montón de hojas (las cuales, por cierto, son las estructuras químicas más extraordinarias que existen). ¿No te lo crees? Las hojas, en sus ramas, convierten la luz en alimento. No lo olvides.

Hoy estamos rodeados de muchas informaciones que hablan de los peligros para el medioam-

DES-CIFRAR

Una investigación realizada por la Universidad de Zúrich reveló que al 39 % de los ciudadanos europeos les gustaría vivir en un mundo sin productos químicos. ¡Fuera también el chocolate!

biente de desechar tanta cantidad de plástico. Y es cierto, pero se trata, sobre todo, de evitar los plásticos de un solo uso.

¿Por qué, según muchos estudios (el último es el de la británica Royal Society of Chemistry), tenemos miedo de los elementos químicos y de sus diabluras? Simplemente, porque no los entendemos.

Envueltos por el entusiasmo del fin de la Segunda Guerra Mundial, entre los años cincuenta y sesenta, la industria química o, mejor dicho, un uso demasiado despreocupado de la química en diversos sectores industriales, desde el farmacéutico hasta el de la construcción, causó daños enormes. Quizá de ahí surja ese miedo a la química.

Además, la suma de diversos desastres ocurridos a lo largo de los años y el hecho de que algunas instalaciones industriales estén mal situadas y poco supervisadas, ha hecho que mucha gente desapruebe la química. Por ejemplo, ¿por qué construiría alguien una enorme planta petroquímica cerca de Venecia, la ciudad más bonita del mundo? ¿Por qué nadie predijo que eso haría daño al territorio? Este tipo de acciones son las que llevaron a menospreciar el buen trabajo de los químicos desde finales del siglo XVIII, y que la gente haya acabado asociando lo «químico y artificial» con algo tóxico, nocivo, adulterado, opuesto a lo «natural». Por ejemplo, ¿de qué malvado laboratorio podría salir una proteína compuesta por una cadena de 62 aminoácidos unidos por cuatro enlaces de disulfato? Pues de ninguno, porque es la composición del veneno de una cobra, una serpiente muy natural.

Que, sea como sea, siempre es mejor que no te muerda.

Naturales contra artificiales

La existencia de materiales que nosotros mismos hemos construido y fabricado (a partir de sus moléculas) es la consecuencia normal de haber aprendido a encontrar a nuestro alrededor aquello que nos hace falta, transformándolo y adaptándolo a nuestras necesidades.

LA ABUELA DE LA QUÍMICA

La alquimia es la antepasada de la química moderna y durante muchos siglos fue una disciplina que mezclaba arte, práctica mágica y filosofía con ideas científicas. Y aunque nunca se haya encontrado la mágica piedra filosofal (que convierte cualquier metal en oro), gracias a la alquimia adquirimos nuevos conocimientos, como, por ejemplo, muchos de nuestros pigmentos modernos, la técnica pictórica llamada «aguafuerte», la destilación del alcohol, la práctica del plateado y el dorado, el uso de aceites esenciales y también del mercurio, la cerámica y la porcelana. Y hemos heredado algunos descubrimientos como el tártaro, el antimonio metálico, el bismuto,

el «hígado de azufre», el álcali volátil y el «ala de cuervo», que hoy, con nombres diferentes, son la base de muchos compuestos químicos usados en el hogar, en la cocina, en la fábrica y también en los hospitales para curarnos.

Hace 3.000 años empezamos a extraer, fundir y luego mezclar metales para construir herramientas, primero de bronce y, más tarde, a partir del siglo XII a.C., de hierro. Durante la Edad Media, que a veces se define como una época oscura sin haberlo sido tanto, la alquimia, la ciencia de la transformación, estudiaba los materiales animada por un gran objetivo: transformar un metal pobre, como el estaño, en oro. ¿Tonterías? Si hablamos de convertir el estaño en oro, sí, pero, de hecho, sí

«Los materiales son todas las sustancias que tienes a tu alrededor.»

que se ha producido algo parecido al oro, aunque ciertamente no tan precioso: el similor, una aleación de cobre, zinc y estaño que a primera vista puede parecer el precioso metal.

Por tanto, todas las sustancias que tienes a tu alrededor son materiales: la madera, el papel, las telas, la piel, la piedra, la cerámica, el vidrio y los metales, pero también los plásticos y los nuevos materiales artificiales.

Sea cual sea su origen (la piel puede ser tanto natural como sintética, así como tratada o natural), las propiedades de los materiales se dividen en tres categorías importantes.

Propiedades fisicoquímicas

¿Conducen el calor? ¿Y la electricidad? ¿A cuántos grados se funden? ¿Cuál es su densidad?

Propiedades mecánicas

¿Cuál es su dureza? ¿Hasta qué punto son resistentes a la compresión, el estiramiento y la flexión?

Propiedades tecnológicas

¿Hasta qué punto son elásticos, plásticos (en el sentido de poder adoptar formas diversas) y resistentes? ¿Se pueden fundir y verter en un molde? ¿Se pueden soldar? ¿Son dúctiles (es decir,es posible extenderlos en hilos finos) o maleables (es decir, es posible extenderlos en láminas delgadas)?

Por ejemplo, cuando llueve, nuestro duende Ele puede encontrarse:

Sin materiales

Con materiales naturales

Son los que se usan tal como se encuentran en la naturaleza.

Con materiales modificados

Son los modificados por la actividad humana, como el algodón impermeable.

Con materiales artificiales

Son los formados por moléculas inventadas por el hombre, como el Gore-Tex.

RENOVAR LAS MATERIAS

Ya sea natural o artificial, en lo que respecta a la materia toda la diferencia radica en cómo y cuánta usamos. En el pasado, durante miles de años hemos empleado recursos naturales «simples», que la naturaleza nos ofrecía ya listos, como la madera y el hierro, o que necesitaban poca transformación, como la lana o el vidrio. Luego empezamos a producir objetos más complejos, «artificiales» (cerámica, acero inoxidable, plástico), y comenzamos a depender de recursos naturales que no son renovables o de recursos naturales que consumimos a mayor velocidad de la que se renuevan naturalmente.

La historia del plástico

El plástico, tan demonizado, en realidad puede ser muy útil. Sin plástico, los coches pesarían varias decenas de kilos más y consumirían mucho más combustible cada año.

Aunque el plástico es un componente esencial en la mayoría de los objetos que utilizamos en la actualidad, su historia es relativamente breve.

De hecho, el primer plástico data de 1862 y estaba compuesto de celulosa, mientras que la baquelita, el primer material totalmente SINTÉTICO, es de 1907.

Con el uso del petróleo como materia prima, nació la moderna industria del plástico. Hubo una primera «generación», con el cloruro de polivinilo (PVC, 1926), el nailon (1935) y el tereftalato de polietileno (PET para los amigos, el de las botellas, 1941). Más tarde, una segunda, a partir de la década de 1970, con el polipropileno isotáctico (PP), descubierto por Giulio Natta y Karl Ziegler, que ganaron un premio Nobel (no de plástico, ¡afortunadamente!), y, por último, una tercera, la actual. Hoy en día producimos miles de tipos de plástico, algunos de los cuales (los bioplásticos) incluso se obtienen de plantas como el maíz o la patata.

GLOSARIO

SINTÉTICO
En síntesis (o sea, en pocas palabras), se dice de un material producido químicamente en un laboratorio, de forma artificial.

La utilidad del plástico es evidente, pero el gran problema es el siguiente: una vez usado, ¿qué hacemos con él? El 2 de marzo de 2022, durante una asamblea de la ONU en Nairobi, se aprobó un tratado global para intervenir mediante acciones contundentes que pusieran fin a la contaminación por plásticos en todo el planeta. En primer lugar, debemos reducir al mínimo los de un solo uso o desechables y, luego, mejorar su composición e incrementar su reutilización y reciclaje.

8

¿PARA QUÉ SIRVE LA QUÍMICA?

Para llamar por teléfono, por ejemplo. ¿No te lo crees? Igual no te lo imaginas, pero para fabricar tu móvil se utilizan 80 kilos de materias primas y muchos de los elementos químicos que hay en su interior son raros, bueno, rarísimos.

Los elementos químicos de los que están formados todos los materiales de la Tierra se agrupan y se ordenan en una tabla, la *tabla periódica*. Digamos que es como el mapa del mundo de los elementos que permite a los químicos ver todo el mundo de la materia de un solo vistazo.

Esta tabla la creó un químico ruso llamado Dmitri Mendeléyev, que estaba tan convencido de su esquema que dejó a propósito algunas casillas vacías, pues estaba seguro de que más tarde o más temprano descubriríamos elementos con las características previstas por él para rellenarlas. Y tuvo razón: cuando la química descubrió la existencia del escandio, del galio y del germanio, por ejemplo, los tres elementos ya tenían su casilla en la tabla periódica.

Actualmente hay 118 elementos en la tabla PERIÓDICA. El último se llama oganesón (por el físico ruso Yuri Oganesián) y los químicos de todo el mundo compiten por descubrir el siguiente, muy difícil de identificar.

¿Se dará por terminada alguna vez la tabla periódica? Bueno, esa es una de las grandes preguntas de la química pendientes de respuesta.

GLOSARIO

PERIÓDICA
La tabla de los elementos se llama periódica porque algunas propiedades de los elementos químicos se repiten a intervalos regulares.

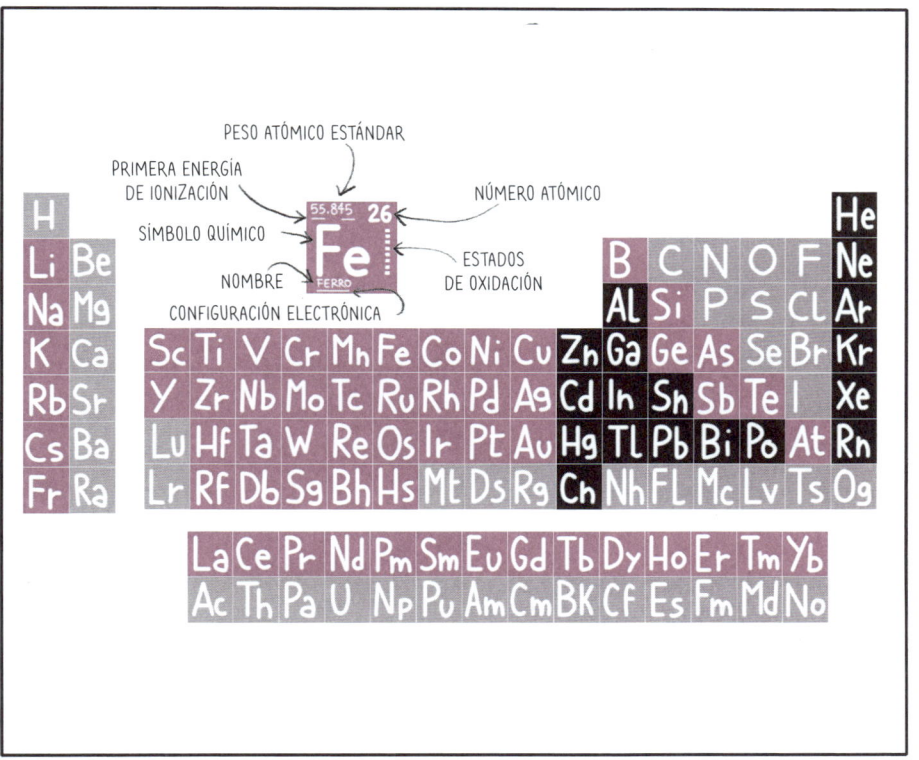

Si le echas un vistazo, no te parecerá gran cosa: está formada por una serie de casillas cada una de las cuales contiene el símbolo de un elemento y un número. Este es el número atómico.

Como ya sabes, todos los átomos están formados por determinado número de protones (con carga positiva y tendencia a la estabilidad), neutrones (con carga neutra) y electrones (con carga negativa y en constante movimiento).

El número atómico es el número de protones que tiene el núcleo de un átomo. Así, el 1 en la casilla del H significa que el átomo de hidrógeno contiene un único protón. Y eso significa que cada elemento químico tiene un número atómico diferente al de los demás.

La tabla se lee empezando por arriba a la izquierda, desde el hidrógeno, hasta los «nuevos» elementos que se están creando en el laboratorio, abajo a la derecha. En cada columna y en cada fila, los elementos se ordenan según el número de electrones que giran en las orbitas más externas.

Una cuestión de química

Hoy Ele Mento tenía ganas de estar solo. Tú también tienes ratos en los que necesitas compañía y otros en los que no quieres ver a nadie. Hasta aquí, todo normal, pero quizá no sepas que un átomo también puede ser un solitario o, al revés, puede querer estar con los suyos. El carné de identidad de los elementos te dice cuántos electrones orbitan alrededor de su núcleo y también la capacidad del átomo para estar solo o para unirse con otros átomos y así encontrar su equilibrio.

Muchas veces, esta exigencia de encontrar a un compañero al átomo le resulta irresistible y las ganas de tener estabilidad energética, aunque sea solo momentánea, provoca lo que llamamos «reacciones químicas».

Las reacciones químicas se producen siempre en la naturaleza o son causadas por los seres humanos (basta con prender fuego o lavarse las manos para provocar un buen montón). Los químicos no hacen más que estudiarlas y, cuando no se producen de forma natural, las provocan.

LOS NOMBRES DE LOS ELEMENTOS

COBALTO (Co)

Es el nombre que algunos mineros dieron al duende (del griego *kóbalos*) que robaba la plata que estaban buscando. En su lugar, dejaba este metal de menor valor.

ESTRONCIO (Sr)

Se llama así por Strontian, el pueblo de Escocia donde se descubrió. En gaélico significa «nariz de la colina de las hadas».

MERCURIO (Hg)

Recibe el nombre del dios griego, pero su símbolo es Hg, porque antes se le llamaba *hydrargyrum*, «plata líquida».

SELENIO (Se)

Se llamó así por el nombre en griego de la Luna (*selene*), pues se parecía mucho al telurio, que a su vez recibió el nombre por una de las palabras en latín para nombrar la Tierra (*telus*).

RUTHERFORDIO (Rf)

Fue descubierto en la década de 1960 por científicos soviéticos que querían llamarlo *kurchatovio*, por Ígor Kurchátov, el padre de la investigación nuclear soviética, pero los estadounidenses propusieron Ernest Rutherford, premio Nobel en 1908. Por eso se escogió un tercer nombre, pero, en 1997, se volvió al actual.

Química en la ducha

¿Cómo puede ser que algunas sustancias, unidas al agua, eliminen las manchas? Es algo que descubrimos (bueno, de lo que nos dimos cuenta) y que luego hemos ido mejorando. Fueron los fenicios quienes, hacia el año 600 a.c., inventaron las primeras pastillas de jabón, al hervir grasa de cabra, agua y ceniza. Poco a poco, se fueron encontrando y combinando sustancias cada vez más eficientes hasta llegar a los modernos detergentes y champús.

Los primeros indicios del uso de jabones naturales se hallan en Mesopotamia y se remontan a unos 2800 años a.c. Los primeros detergentes sintéticos se fabricaron a inicios del siglo XX. Lo que tú ves como suciedad es una sustancia protegida por una capa de grasa que hace rebotar las moléculas de agua. El jabón es como una minúscula cadena que en uno de sus extremos tiene dos «ganchos» que unen la capa de grasa a una molécula de agua y, en el otro, un hidrocarburo, que actúa como un pequeñísimo taladro capaz de desmontar la capa de grasa pedacito a pedacito y de llevarse también las moléculas que hay debajo. De esta forma, se crea una gran molécula formada por agua + jabón + grasa (que protegía la suciedad).

Lavarse va bien, pero no es necesario usar jabones sofisticados: el agua ya quita un cuarto de la suciedad del cuerpo y otra cuarta parte se va con el jabón más sencillo.

DES- CIFRAR

Se dice que cada español consume 11,4 kilos de detergente para lavar. La media europea es de 8,7.

Química en tu estuche

En tu estuche tienes un pequeño cofre lleno de química. Coge un rotulador o un marcador fluorescente. Los dos funcionan gracias a un depósito en un solo bloque, formado por un cilindro de material muy absorbente, de fieltro o de un plástico esponjoso, y acabado en punta. A medida que se utiliza, la tinta del fieltro baja hasta la punta en la cantidad justa y, de ahí, al papel. Aquí tenemos el principio de capilaridad.

En tu estuche tienes todo un arsenal de objetos químicos, muchos de plástico, que se usan y luego se tiran. Intenta comprar solo los que sean de plásticos reciclados y lápices y bolígrafos recargables. Si puedes escoger, son mejores las tintas de colores estándar (azul, negro, rojo y verde) elaboradas con una mezcla hecha a base de agua, menos agresivas con el medioambiente. Todo lo fluorescente queda muy bonito, sin duda, pero cuesta muchísimo deshacerse de él.

LA CAPILARIDAD, ESA DESCONOCIDA

La capilaridad, o acción capilar, es la capacidad de un líquido de fluir por un espacio restringido, incluso contra la acción de la gravedad. Las plantas y los árboles no podrían sobrevivir sin la acción capilar que, sin ningún tipo de bomba, lleva la linfa (el agua) de las raíces hasta las ramas y las hojas.

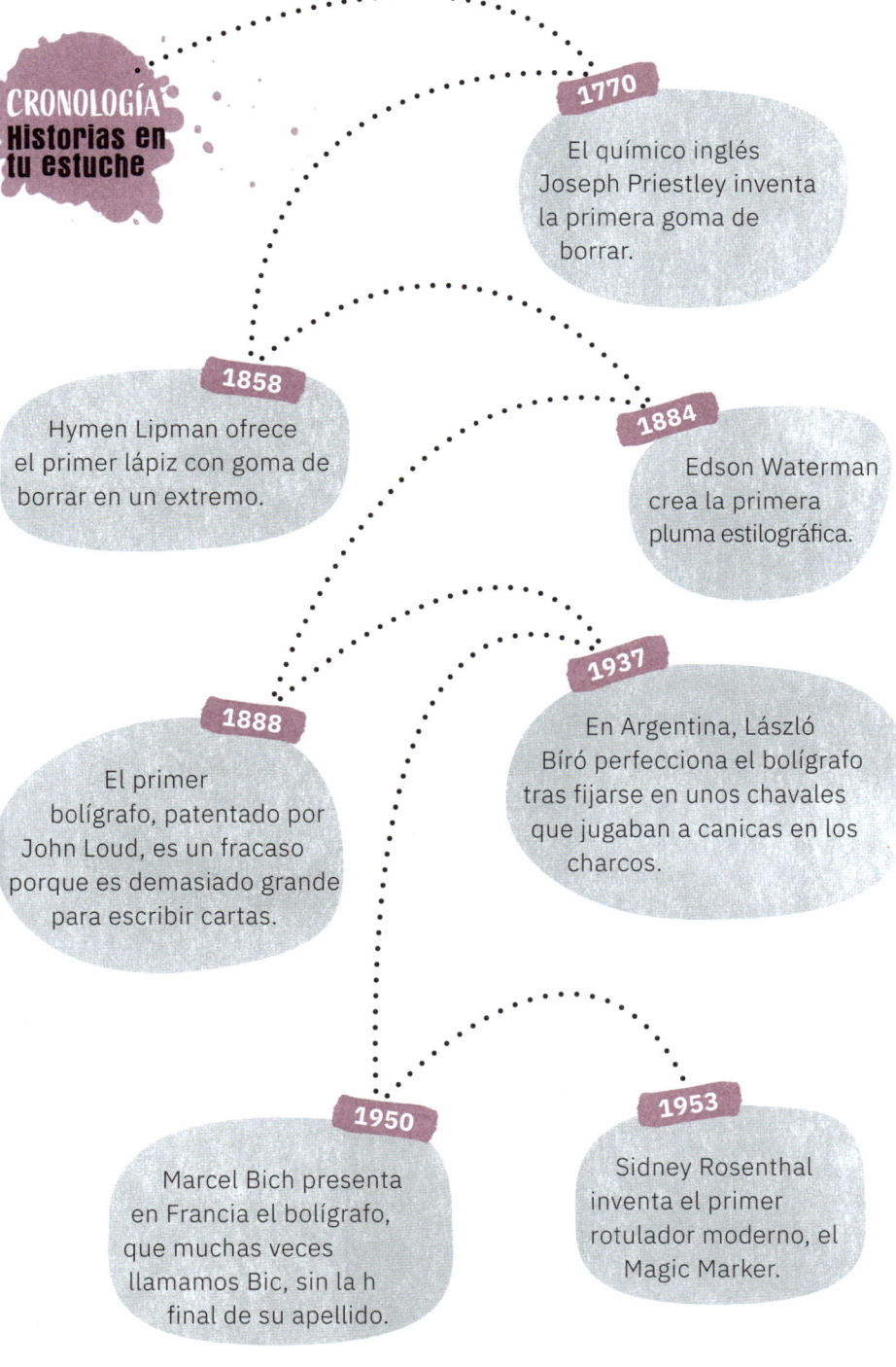

CRONOLOGÍA Historias en tu estuche

1770
El químico inglés Joseph Priestley inventa la primera goma de borrar.

1858
Hymen Lipman ofrece el primer lápiz con goma de borrar en un extremo.

1884
Edson Waterman crea la primera pluma estilográfica.

1888
El primer bolígrafo, patentado por John Loud, es un fracaso porque es demasiado grande para escribir cartas.

1937
En Argentina, László Bíró perfecciona el bolígrafo tras fijarse en unos chavales que jugaban a canicas en los charcos.

1950
Marcel Bich presenta en Francia el bolígrafo, que muchas veces llamamos Bic, sin la h final de su apellido.

1953
Sidney Rosenthal inventa el primer rotulador moderno, el Magic Marker.

LOS SUPERELEMENTOS

Hay muchos elementos químicos poco conocidos que se usan en la tecnología que tienes en casa. El litio, el único metal que flota en el agua, porque tiene una densidad muy baja, ya era usado por los chinos para los fuegos artificiales (produce una brillante luz roja) y hoy en día hace funcionar las baterías de los portátiles. Algunos elementos fueron ignorados hasta que aprendimos a usarlos. El escandio, por ejemplo, es básico para los bates de béisbol, los palos de golf y las cañas de pescar. El circonio tiene una triple vida: se usa en los desodorantes, pero también en joyería y para revestir las paredes interiores de los reactores nucleares. Puedes encontrar niobio si te haces un *piercing* en la nariz. Y si subes a un cohete espacial te toparás con bismuto en las sombras de ojos y en los coloretes, pero también te servirá para aliviar tu dolor de barriga.

La química verde

El cambio climático nos está planteando unos desafíos sin precedentes. Entre ellos, la necesidad de renunciar a la explotación de los combustibles fósiles por el grave impacto de sus residuos contaminantes en el calentamiento global. Es verdad que las tecnologías eólica, solar, hidroeléctrica y geotérmica nos otorgan una cantidad casi ilimitada de energía renovable y más limpia, pero para su funcionamiento también se necesita recurrir a la naturaleza. Y aquí es donde se han puesto de moda las llamadas «tierras raras»: 17 metales que en realidad no son tan raros, pero sí difíciles de extraer porque suelen encontrarse mezclados entre ellos y con otros. Podrían ser esenciales para motores eléctricos o turbinas eólicas, y ya los tenemos en móviles, pantallas táctiles, lámparas, discos duros, fibras ópticas, láseres, baterías y placas fotovoltaicas. Las 17 tierras raras son: escandio (Sc), itrio (Y), lantano (La), cerio (Ce), praseodimio (Pr), neodimio (Nd), prometio (Pm), samario (Sm), europio (Eu), gadolinio (Gd), terbio (Tb), disprosio (Dy), holmio (Ho), erbio (Er), tulio (Tm), iterbio (Yb) y lutecio (Lu). ¡Cuidado, también se pueden agotar y su extracción no está exenta de impacto en el medioambiente!

> «El ser humano debe hallar el modo de aprovechar los recursos naturales sin agotarlos.»

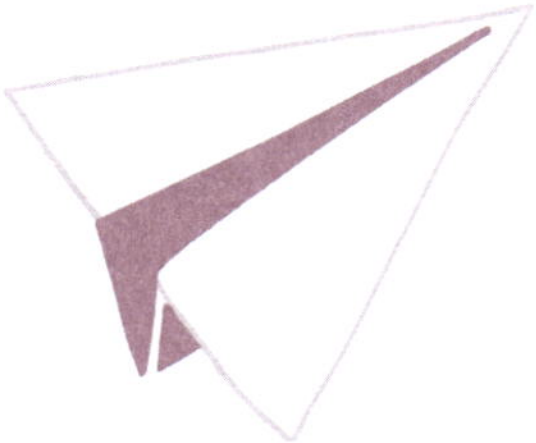

¿PARA QUÉ SIRVE LA FÍSICA?

Que después de ir al baño, tires de la cadena y el agua arrastre todo, que te calientes los macarrones de ayer en el microondas, que al cerrar la ventana con doble vidrio ya no oigas a Rosalía cantando por la radio del vecino de enfrente... debes agradecérselo a un físico que ha hecho de las suyas también en otros lugares de tu casa.

¿No te lo crees? Ve a la cocina.

Tres géneros de... mecánica

Cuando utilizas un cascanueces o un abrelatas, unas tijeras o unas tenazas, un destornillador o un martillo, estás aprovechando un principio físico fundamental: la palanca.

¿Qué es una palanca? Es una especie de amplificador de fuerza: te permite usar poca energía para realizar acciones que, de otro modo, no podrías ejercer. Por ejemplo, cuesta mucho destapar una botella solo con la mano, pero con un abridor es un juego de niños.

¿Y cómo funciona una palanca?

Las palancas son mecanismos muy sencillos y sirven para vencer una fuerza (que llamamos «resistencia») aplicando otra (la «potencia») de menor magnitud. Para enten-

der el funcionamiento de una palanca, necesitamos tres palabras: potencia, resistencia y fulcro.

El punto de potencia es donde aplicas la fuerza. Vaya, la empuñadura del abridor.

La resistencia es la fuerza que has de vencer, es decir, la que mantiene agarrado el tapón al cuello de la botella. ¡Con los dedos no conseguirás quitarlo nunca!

El fulcro, o punto de apoyo, es el punto fijo que hace funcionar el mecanismo y, en este caso, es donde el abridor se apoya sobre el tapón y lo dobla.

Así, el fulcro es un punto situado de manera que su distancia al punto de potencia sea mayor que su distancia hasta el punto de resistencia.

Además, cuanto más lejos estés del fulcro, menos esfuerzo tendrás que hacer. La posición de este determina los diferentes tipos de palanca: cuando está situado en medio, entre el punto de resistencia y el punto de potencia, como en tijeras, alicates, llaves inglesas, balanzas de platos, patas de cabra y el abridor dibujado aquí al lado, se trata de una palanca de primera clase o primer género.

Si el fulcro está en un extremo y el punto de resistencia se halla entre el de punto de potencia y el fulcro, como en un cascanueces o en una carretilla, la palanca es de segunda clase: cuanto más largo el mango, más fácil.

Si, en cambio, entre el fulcro y el punto de resistencia tenemos el punto de potencia, como en las palas, las cañas de pescar o las pinzas para las cejas, estamos usando una palanca de tercer género.

Ensalada de termodinámica

Cocinar casi siempre implica añadir o quitar energía térmica, es decir, aportar o eliminar calor.

Añades calor cuando, con el agua hirviendo, haces que la pasta se vuelva blanda y gustosa en comparación con la pasta cruda; eliminas calor con el frío cuando, por ejemplo, haces polos, transformando la mezcla de agua y sirope en un refrescante helado.

La cocina es un extraordinario laboratorio para modificar moléculas: la comida se vuelve más agradable (imagínate comiendo una berenjena cruda) y digerible (¿has comido alguna vez una pechuga de pollo sin cocinarla antes?) o se combinan entre sí alimentos que, de otro modo, no estarían unidos. La mayonesa, por ejemplo, es una emulsión de aceite y del agua de la yema del huevo, sustancias que no se mezclarían a no ser por la lecitina que hay en la yema; gracias a esta, si bates con fuerza (y, por tanto, aportas energía), obtendrás la famosa salsa.

Así pues, en la cocina tienes nada más y nada menos que un pequeño laboratorio de TERMODINÁMICA y, como mínimo, tres modos de transmitir calor: por conducción, por convección y por radiación.

GLOSARIO

TERMODINÁMICA

La termodinámica es la parte de la física que estudia el calor, la energía y el movimiento. *Termo* se refiere a la temperatura (acuérdate de la palabra «termómetro») y *dinámica* significa «energía en movimiento».

La cocción por conducción se basa en el paso directo del calor de una superficie caliente al alimento: la cacerola sobre el fuego de toda la vida. Obviamente, según el material del que esté hecha, el tipo de calor y el modo en que se transmite cambian. Las cacerolas de hierro colado tardan mucho más en calentarse que las de aluminio, pero luego distribuyen mejor el calor y, por tanto, son perfectas para las cocciones lentas.

En cambio, cueces mediante convección cada vez que hierves, cocinas al vapor o fríes: el calor pasa del fuego a la cacerola y de esta a un fluido (agua, vapor, aceite), a través del cual llega al alimento que hay que cocinar. Así, para cocer pasta se necesita agua a 100 °C, mientras que para una buena infusión basta con 60 °C. Para freír necesitas

INFRARROJOS Y OTRAS LUCES QUE NO VEMOS

La luz infrarroja («por debajo del rojo», del latín *infra*, «debajo») tiene una longitud de onda más larga que la que puede detectar el ojo humano, así que no la vemos, pero nuestro cuerpo puede detectarla en forma de calor. El ojo humano solo ve los rayos con longitud de entre 350 y 800 nm, es decir, entre 10^{-7} y 10^{-6} m.

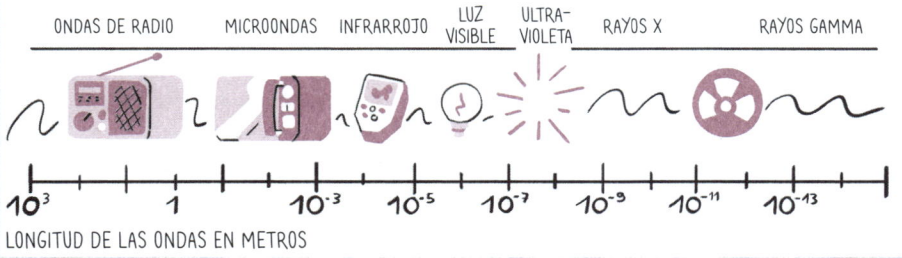

EL MICROONDAS

Es una cocción que se produce «desde dentro» y no «desde fuera». El horno microondas es una caja en la que se meten los alimentos en el interior de un contenedor de vidrio resistente o de cerámica, nunca de metal. Cuando se pone en marcha, irradia sobre la comida ondas de una frecuencia de unos 2,45 GHz, que se propagan por el horno, se reflejan en sus paredes y provocan la agitación de las moléculas de agua que hay en los alimentos. Estas «rozan» unas con otras y generan fricción y, por tanto, calor. A diferencia de lo que se dice muchas veces (un bulo científico), es una forma de cocinar muy sana y conveniente desde el punto de vista del consumo energético.

bastante más y depende también del aceite que uses (oliva, girasol, etc.). La cocción al vapor es más lenta.

La cocción por radiación es la de la brasa o la barbacoa: la comida se expone al calor intenso almacenado en las brasas, pero sin contacto directo y son los rayos infrarrojos los que cocinan la carne y las verduras.

La física del frío

NEVERA
Esta palabra proviene del latín *nivarius*, «con nieve», pues antiguamente se llenaban de hielo o nieve para mantener el frío.

Seguro que en casa tienes otra máquina indispensable de la física: el frigorífico. Su misión consiste en hacer lo contrario de lo que sucede en la naturaleza: elimina calor de un cuerpo más frío (el aire que hay en su interior) y lo cede al exterior, donde la temperatura es más alta. Es la «magia» de la NEVERA y la razón por la que detrás de este aparato siempre hace calor.

Para lograrlo, se necesitan, por un lado, dos componentes principales: un contenedor que aísle térmicamente el interior del exterior y un motor que, usando electricidad, extraiga continuamente calor del interior y lo libere hacia el exterior. Y por otro, un fluido capaz de enfriarse cuando se lo comprime; este fluido es enfriado por el motor de la nevera, que lo hace circular por un serpentín en contacto con la pared posterior de la nevera para extraer el calor del interior.

De este modo, el fluido se calienta y la parte superior del serpentín vuelve al fondo, donde el motor lo enfría de nuevo. Es como un radiador, por el que pasa agua caliente que cede calor, se enfría, se vuelve a calentar en la caldera y da la vuelta otra vez, pero al revés.

¿Y cuál es este «fluido del frío»?

El primero, y el más famoso, empleado en muchas neveras, es, en realidad, un gas, el freón (ahora sustituido por mezclas menos peligrosas para el medioambiente), pero el amoníaco y el dióxido de carbono también son eficientes.

La física de los auriculares

Sea cual sea la música que más te gusta, siempre te llega del mismo modo: ondas que viajan por el aire (pero también por el agua o las paredes, especialmente si tu vecino está escuchando *trap*) hasta llegar a tus orejas, donde hacen vibrar unas membranas y unos huesecillos que «restituyen» el sonido en tu cerebro a través del nervio acústico.

Hasta 1900, para escuchar música tenías que estar allí donde se tocaba. Después, descubrimos la manera de grabar los primeros discos: eran platos negros, primero de goma laca (y, por tanto, muy frágiles) y más tarde de vinilo (más resistentes pero que se rayaban con facilidad). En 1948, Columbia Records fabrica los primeros discos de 33 revoluciones, llamados *long play*, los LP.

En 1963 se comercializa la primera grabadora de uso doméstico, un aparato que podía grabar sonido en una cinta magnética, con lo que nacen los primeros casetes. Así, uno ya se podía llevar la música consigo y, de hecho, en pocos años se crearon reproductores de casetes para instalar en los coches.

Luego, en 1982 llegaron los primeros CD, capaces de garantizar un sonido de alta calidad en un formato compacto, portátil y, además, regrabable. Parecía el soporte definitivo, pero pocos años después se concibió un formato totalmente digital: el mp3, del cual derivan los formatos actuales.

Para facilitar el transporte de los archivos musicales (haciéndolos más ligeros y compactos), la idea es «quitar» de la grabación todas las frecuencias que nuestro oído no puede percibir. Es la revolución de la música que tú también escuchas ahora, fácil de descargar y de alta calidad. Bueno, casi siempre...

CRUTO, EDISON Y SUS RIVALES

La historia de la tecnología es apasionante y así lo son también las disputas entre sus protagonistas. Alessandro Cruto, un inventor italiano, se enfrentó al mismísimo Thomas Alva Edison.

Cuando todo el mundo estaba buscando el tipo de filamento adecuado para hacer funcionar las bombillas, él utilizó uno de carbono que emitía una luz blanca y agradable, de intensidad estable y que, al parecer, mostraba mejores resultados que el bambú carbonizado propuesto por Edison, inventor de la bombilla.

Otro caso más famoso fue la denominada «guerra de las corrientes» que enfrentó de nuevo a Edison con Nikola Tesla.

Mientras el primero utilizaba un sistema de corrientes continuas, este último desarrolló un sistemas de corrientes alternas que es el que acabó imponiéndose.

A pesar de ello, Nikola Tesla, originario de la actual Croacia, cayó en el olvidó después de su muerte y solo hoy su genio ha sido reconocido universalmente.

Por el contrario, pocos se acuerdan de Alessandro Cruto.

10

¿CUÁNTO DURAN LAS COSAS?

La respuesta rápida es esta: mucho menos de lo que podrían, porque se nos empuja a comprar siempre cosas nuevas. Esto no le pasa a Ele Mento, pues él nunca se separaría de sus viejos cachivaches. ¿Y tú? ¿Te gusta acumular como a Ele, o siempre quieres cosas nuevas? Parece una pregunta poco relevante, pero, para la salud del planeta, es decisiva.

Tu estilo de vida, añadido al de todos los demás, deja una huella ecológica que, en términos de recursos usados, tiene cierto «peso» sobre el ambiente en el que vives. Si entras en la web de Footprint Network (www.footprintnetwork.org) y respondes a unas cuantas preguntas sobre tus hábitos cotidianos, podrás calcular la huella ecológica de tu familia.

Seguramente, te sorprenderán los siguientes datos: cada persona adquiere anualmente una media de 21.000 kilos de todo tipo de productos, de los cuales: 1/3 desechamos directamente, 1/3 lo consumimos (aunque con mucho desperdicio ya que, por ejemplo, tiramos el 20% de la comida), y solo conservamos 1/3 restante.

Los objetos que usas en tu vida siguen la siguiente secuencia: los mineros proporcionan materias primas, la industria (con energía y agua) transforma esas materias en productos, los comercios los distribuyen, tú los compras, los usas y luego los tiras. Cada día produces, más o menos, 1,3 kilos de basura (en Estados Unidos son 2,2).

¿Cuándo los tiras? ¿Y por qué?

VIDA TECNOLÓGICA. NO CONSIGO CONECTAR AL TELEVISOR UN ORDENADOR QUE FUNCIONA DESDE HACE VEINTE AÑOS.

VIDA LEGAL: COMPRÉ UNA CASITA EN UN PUEBLO DONDE TODOS IBAN A LAS TERMAS. AHORA LAS HAN CERRADO. ¿QUÉ HAGO CON LA CASA?

VIDA ECONÓMICA: EL VIEJO TERMÓMETRO DE MERCURIO DE LA ABUELA FUNCIONA PERFECTAMENTE, PERO LO HAN PROHIBIDO, COMO LAS ANTIGUAS ESTUFAS.

VIDA DESEABLE. LOS PANTALONES DE CINTURA BAJA YA NO ESTÁN DE MODA. (¡PERO ESTÁN PERFECTOS!)

Pero ¿tú en qué puedes intervenir? Un poco en las dos primeras vidas y muchísimo en la última. El secreto está en no tirar, sino reutilizar. Y también comprar cosas usadas.

El *vintage* es una tendencia cada vez más de moda porque es una oportunidad para disponer de algo original sin tener que pagar un riñón. ¿Quieres vestir con un toque distinto? Hurga un poco en los armarios de tus padres o abuelos: allí podrás encontrar todo un tesoro de maravillas ocultas.

Hay residuos y residuos...

Por una parte, están los residuos domésticos, que incluyen los de nuestras casas y los que produce el comercio, por ejemplo, un bar o una tienda. La mitad de todo lo que se tira en este ámbito son embalajes, generalmente de plástico, y en su mayoría se trata de recipientes que se podrían reutilizar fácilmente.

Por otro lado, hay residuos derivados de los procesos industriales, talleres y otras actividades productivas; otros surgidos del tratamiento de los propios residuos; los fangos producidos en la depuración del agua; los vehículos, la maquinaria y los aparatos deteriorados o fuera de uso que se destinan a chatarra; los edificios viejos que se derriban... Y también tenemos los residuos tóxicos, que contienen cantidades importantes de sustancias contaminantes, como los restos del refinado del petróleo o de la industria metalúrgica, los aceites lubricantes de todo tipo, los residuos de la industria textil y de curtidos, los biológicos hospitalarios o el amianto de los tejados viejos. Todos estos residuos son de ocho a nueve veces más voluminosos que los domésticos y no los ves, porque no pasan por tu cubo de la basura, pero ahí están y necesitan un proceso de eliminación y vertido especiales.

¿Y no hay forma de producir menos residuos? Sí, en primer lugar, producir y consumir menos y, además, avanzar en un sistema circular de reciclaje y reutilización.

Comprar a granel

Hasta hace unas décadas, podías ir a una tienda a comprar productos a granel: pasta, harina, café y legumbres se vendían a peso, comprabas la cantidad que querías y te la daban en bolsas de papel o la metías en tus propios recipientes. Después fuimos sustituyendo esos recipientes por paquetes, cerrados individualmente para garantizar la máxima higiene y preservar el frescor del producto.

Hoy en día estamos volviendo o deberíamos volver un poco a lo de antes, pues cada vez hay más tiendas que venden productos a granel, donde puedes comprar las cantidades que necesitas cuando las necesites. Sus proveedores suelen ser pequeños productores, los artículos que ofrecen en sus negocios viajan menos, cuestan menos o lo mismo que cuestan en el supermercado y, al llegar a casa, no tienes que tirar todas las cajas y los envases de plásticos, es decir, generas menos residuos.

VERDADERO O FALSO

Los objetos duran menos que antes.

VERDADERO.
A esto se le llama obsolescencia programada, una manera de diseñar los objetos de manera que ya al construirlos se prevé su rotura al cabo de un tiempo determinado.

11

¿Y SI NOS QUEDAMOS SIN LUZ?

Durante milenios hemos vivido sin energía eléctrica, pero, si ahora nos la quitaran, tendríamos un buen problemón. Piensa en toda la electricidad que utilizas. Te duchas y te secas el pelo con el secador. Aunque estés en casa sin hacer nada, vagueando, la nevera está siempre en marcha. Y, en la calle, hay farolas encendidas, el metro funciona, en la esquina hay un cine...

Todo esto es posible gracias a la energía eléctrica y a la red por la que se distribuye.

En general, la red se organiza en cuatro sectores: producción, transmisión, distribución y consumo.

La energía se produce en una central, lejos de tu casa, que quizá quema petróleo para funcionar. Luego se almacena, se transforma y se transporta hasta allí donde estás. El transporte es tarea de las torres de alta tensión, esas grandes torres metálicas que aguantan cables por el aire, a lo largo de miles de kilómetros. A veces, también viaja bajo tierra.

Las torres llevan electricidad a 400.000 voltios, pero la que sale de los enchufes de tu casa está a 230 voltios. ¿Cómo es posible? Las estaciones transformadoras sirven para reducir el voltaje, es decir, el valor de la tensión de la corriente eléctrica que se distribuye a las casas.

Puedes imaginar una gran tubería de agua que parte de un gran lago y lleva el agua hasta el grifo de casa, haciéndose cada vez más estrecha y con un chorro menos intenso. No necesitas toda la potencia del flujo de agua de la presa para lavarte los dientes. Pues es eso. Con la electricidad pasa lo mismo.

La eficiencia energética

¿Sabías que, en tu casa, la cocina y el salón son los lugares donde se consume más?

La nevera es el electrodoméstico que más trabaja: funciona trescientos sesenta y cinco días al año, día y noche, razón por la que es preferible tener una que sea eficiente.

LEE LA ETIQUETA

Todos los electrodomésticos europeos se venden con una etiqueta que explica su consumo energético y, a veces, cuántos materiales reciclados se han empleado en su fabricación.

EL CÓDIGO QR
Permite al consumidor disponer de más información sobre el aparato.

LA ESCALA ENERGÉTICA
De la G a la A, indica las clases en las que se clasifican los aparatos, de los que más consumen a los que menos consumen.

CONSUMO ESPECÍFICO
Muestra el consumo del aparato, que puede ser anual (la nevera), por ciclos (la lavadora, el lavaplatos) o por horas de uso (las bombillas, por ejemplo).

CARACTERÍSTICAS
Con símbolos diversos, se presenta información relativa al tipo de aparato y a su rendimiento.

También es uno de los electrodomésticos que requiere menos mantenimiento y cuidados, pero muchas veces no se coloca en el sitio más adecuado de la cocina. ¿Sabías que necesita aire en su parte posterior?

En segunda posición de consumo tenemos la lavadora, que necesita energía para calentar el agua y hacer funcionar el motor durante el lavado. Una lavadora nueva y eficiente permite obtener un ahorro del 25 al 30 %. Si quieres ser eco-responsable, intenta usar detergentes ecológicos, pues generan menos espuma y necesitan menos agua en el aclarado.

En la cocina, resulta provechoso energéticamente pasarse a los fogones de inducción magnética, más eficientes que las cocinas de gas y que las viejas planchas con resistencia eléctrica, y, además, pueden funcionar casi autónomamente si los conectas a una placa solar situada en la azotea de tu edificio, por ejemplo.

En términos de eficiencia, es muy importante escoger bombillas LED. Hay tres grandes familias de bombillas: de incandescencia (las más viejas, las que queman), las fosforescentes compactas (parecidas a pequeños tubos de neón) y las LED, donde LED equivale a *light-emitting diode*, «diodo electroluminiscente». Un LED está hecho de un material semiconductor que emite luz cuando lo atraviesa una corriente eléctrica. Las lámparas LED cuestan más, pero en un solo año el ahorro en la factura ya es considerable.

Tu vivienda es una gran caja con una capacidad determinada de mantener el calor, para estar caliente en invierno y fresco en verano. Los materiales con los que está construida marcan la diferencia. ¡Ten cuidado con las fugas! Puertas y ventanas que no cierran bien o que tienen solo un acristalamiento pueden ser vías de salida y entrada del calor, por lo que es importante instalar dobles o triples acristalamientos y marcos con poca transmisión térmica. Si es posible, también va bien mejorar las paredes externas, añadiendo un *revestimiento*, una especie de traje para la casa que, al aislarla permite mantener mejor el calor durante el invierno. Resultan, además, útiles plantas trepadoras, setos y grandes árboles que den sombra. De esta forma, se ahorra con el aire acondicionado. La temperatura de una calle arbolada durante un tórrido día de verano puede ser bastante más baja que la de una calle sin árboles.

VERDADERO O FALSO

El gas no huele mal. **VERDADERO.** Antes de llegar a tu casa, el metano se «odoriza», es decir, se mezcla con sustancias de un olor muy fuerte llamadas «**mercaptanos**», sin las cuales no olería a nada. Se «perfuma» de este modo por cuestiones de seguridad, pues así se detecta fácilmente si una llave de gas ha quedado abierta o si hay alguna fuga, que podría ser peligrosa.

Las biocasas

Si hay un campo en el que la física y la química trabajan muy bien juntas es el de la construcción. Siempre hemos consumido muchísimo para construir nuestras casas: un 50 % de la extracción de materias primas, un 21 % del agua potable y un 33,5 % de los residuos que generamos derivan de ahí. Y, además, la casa es el lugar en el que pasamos gran parte de nuestro tiempo libre. También es donde nuestro Ele siempre se refugia cuando no se ocupa del jardín... y allí pasa el resto del día.

Construir de un modo más inteligente disminuye mucho este impacto y supone una reducción del consumo. En resumen, la arquitectura bioclimática se basa en estos principios:

* escoger bien dónde construir para disfrutar al máximo de la energía gratuita del sol;
* orientar correctamente el edificio para disponer de la máxima luz natural;
* construir de forma compacta: cuanto menor sea la dispersión de calor, menor será el consumo de la casa;
* usar materiales locales (tierra, piedra, madera, paja) y fáciles de encontrar, y
* aprovechar las fuentes de energía renovables y naturales: luz solar, viento, vegetación, agua.

En resumen, tenemos que construir de un modo tecnológicamente avanzado, pero también como se construía antes de que estallara la revolución industrial. Tiene su gracia, ¿no?

Un buen punto de partida es instalar una azotea verde, es decir, cubierta de tierra y vegetación. Si se hace bien, tiene muchísimas ventajas: acumula mejor el agua de lluvia, es duradera, sufre menos las heladas y el deshielo, protege del calor estival, aísla los ruidos, filtra el polvo de la contaminación y también puedes cultivar en ella y disponer así de un buen huerto comunitario.

Los jardines verticales son muy eficientes, además de hermosos: protegen la casa, la resguardan del sol y están vivos, pero, claro, a Ele Mento le cuesta un poco mantenerse en equilibrio todo el rato en un jardín así.

DEL ESTIÉRCOL NACE... ¡ENERGÍA!

En la naturaleza, los materiales orgánicos muertos (hojas, frutos, troncos, verduras, restos de animales) son «digeridos» y reabsorbidos por el terreno, gracias al trabajo de diversas especies de bacterias. Es un proceso que se llama «biodegradación» y produce gas metano, el mismo que usas para cocinar y calentarte. Así, si pones en un recipiente estanco algunos residuos fáciles de «digerir» (o ya digeridos en parte, como los excrementos de bovinos y porcinos), con poco aire y a temperatura constante, y los cubres con las bacterias adecuadas, en un mes obtendrás un poco de metano. A una escala mucho más grande, habrías construido una biorrefinería: una central de producción de energía que funciona con biomasa en lugar de petróleo.

¿CUÁLES SON LAS ENERGÍAS DEL FUTURO?

Si se lo preguntas a Ele Mento, que se pasa cada día en el jardín, enseguida te contestará: «¡El Sol, claro!». Gracias al Sol ha llegado y sigue llegando toda la energía que hemos utilizado hasta el día de hoy y de la que continuaremos disfrutando cada día. Está en nuestra mano utilizarla mejor. Por ejemplo, con unas buenas placas solares.

En placas, paneles o colectores solares, dispositivos que aprovechan la energía térmica solar, dicha energía calienta agua: el calor pasa de un cuerpo «caliente» (los rayos solares) a uno «frío» (el agua que circula por el interior del panel) y listos. Para mejorar su funcionamiento, se añade glicol al agua, una sustancia que impide que se hiele y que oxide las partes de hierro del panel. La energía solar que llega sobre 1 metro cuadrado a nivel del mar durante 12 horas podría calentar 30 °C unos 300 litros de agua. Piensa que cuando hace frío, tú y tu familia utilizáis unos 200.

> «Gracias a los paneles solares, podemos calentar eficazmente nuestras casas.»

Las células fotovoltaicas

Las placas fotovoltaicas tienen un funcionamiento bastante simple: convierten la luz solar en corriente eléctrica. ¿Cómo? Con, entre otros, el silicio o el selenio, un material este último excelente en términos fotoeléctricos, combinado con oro o platino. La diferencia más importante con los colectores solares térmicos es que las células fotovoltaicas no utilizan el calor de los rayos solares, sino su luminosidad. En realidad, pueden funcionar también con poca insolación, como debajo de una delgada capa de nieve. La luz que llega a los semiconductores de los que está hecho el panel fotovoltaico excita sus átomos y genera una corriente eléctrica que se puede usar de forma inmediata en casa.

Cuanto más grande sea la instalación, cuanto más expuesta al sol y durante más tiempo esté, más electricidad podrá producir.

En el futuro podemos imaginarnos coches y medios de transporte que funcionen (al menos en parte) con luz solar mediante células montadas en el techo, casas capaces de alimentar ellas solas a sus electrodomésticos o incluso chaquetas, cortinas y colchas que se calienten con la luz solar.

No debemos olvidar que se deben desmontar muy bien los paneles viejos (que se «agotan» después de unos treinta a treinta y cinco años, como las baterías) y se debe organizar bien toda la cadena de reciclaje de los materiales desechados, pues los mismos pueden servir para fabricar paneles nuevos. ¡Sumémonos a la economía circular, del reciclaje y la reutilización!

El primero y único

El hidrógeno es el primer elemento de la tabla periódica, pero también es una sustancia muy interesante, porque es un «medio» para almacenar energía química, lista para convertirse en electricidad de un modo simple e instantáneo

y con un gran respeto por el medioambiente. Igual que la gasolina o el gasoil, se puede usar como combustible para los vehículos, pero sin emisiones de CO_2, porque no contiene carbono.

Aunque el 90 % de los átomos del Universo son de hidrógeno, en la Tierra no existe en estado libre. Para producirlo se usa un proceso llamado ELECTRÓLISIS que se basa en el agua: se rompen las moléculas de agua mediante el paso de una corriente eléctrica, que separa el hidrógeno del oxígeno. También hay métodos menos «limpios» cuyo material de partida es el carbón o un gas.

El oxígeno se libera y el hidrógeno, puro, se acumula en un contenedor, una bombona o en una mina de sales. Puede quedarse en su sitio durante miles de años, no se deteriora ni pierde su capacidad de producir energía (concretamente, energía eléctrica). Solo es necesario construir bombonas (o cámaras) lo bastante seguras.

Porque, cuando el hidrógeno se encuentra con un átomo de oxígeno (vaya, que basta con un poco de aire), se recombina y forma una molécula de agua y, en el proceso, libera la misma energía que fue necesaria para separar a ambos.

Y esto sin generar residuos (apenas algo de agua o vapor de agua) y con gran eficiencia. Un motor de hidrógeno rinde el doble que uno de gasolina.

GLOSARIO

ELECTRÓLISIS
Significa «rotura», «separación» (en griego, *lisis*) mediante electricidad.

Entonces, siendo como es tan bueno, ¿dónde está el problema? El obstáculo se halla en el modo de obtener la energía eléctrica inicial, necesaria para producir el hidrógeno puro.

Si es corriente generada por centrales eléctricas de petróleo o carbón, mediante una técnica que se llama «reformado», se habla de hidrógeno «negro» y, si lo extraemos del metano (CH_4), hidrógeno «gris». En estos dos casos, el problema es que, para obtener hidrógeno, que es un portador de energía renovable y no contribuye al efecto invernadero, empleamos dos tecnologías que generan bastante CO_2 adicional.

Ahora bien, el CO_2 generado durante el *reformado* se puede capturar justo cuando se produce: en este caso, hablamos de hidrógeno «azul». Por último, también tenemos hidrógeno «verde», extraído del agua mediante hidrólisis; la electricidad necesaria proviene enteramente de fuentes renovables: eólica, hidroeléctrica o fotovoltaica.

Es este el hidrógeno que deberíamos desarrollar si queremos lograr, antes de 2050, la neutralidad climática, dejando de emitir a la atmósfera más gases de efecto invernadero en la inacabable carrera por producir la electricidad que necesitamos.

¿Y qué podemos decir de la comida?

¿HAY COMIDA PARA TODOS?

Somos muchísimos y... cada vez somos más. En noviembre de 2022, la Tierra ha celebrado un nuevo récord: ocho mil millones de *Homo sapiens*. Es una gran noticia, pero también un problema, porque tenemos que repartir los recursos (que no son infinitos) para que todos los habitantes del planeta tengan la misma calidad de vida.

La comida también es un recurso y hasta aquella más elaborada se basa en una serie de materias primas que se transforman y se transportan. Así, todo cuanto ponemos en la mesa cada día puede llegar a ser insostenible desde el punto de vista ambiental porque produce gases de efecto invernadero, contamina, deteriora el suelo y daña la BIODIVERSIDAD.

La carrera de las ciudades

Hoy en día, más de la mitad de la población vive en ciudades, cada vez más pobladas, uno de cuyos problemas es dar de comer a todo el mundo. Los habitantes de las ciudades difícilmente cultivarán sus cereales para hacer pan ni criarán gallinas. Aunque el fenómeno de los huertos urbanos y los cultivos en las azoteas de los edificios va en aumento, los alimentos con los que se abastece a las ciudades provienen de granjas-fábrica cada vez más extensas (con la consiguiente tala de bosques) y más lejanas (con lo que se necesitan grandes barcos y miles de camiones para hacer llegar suficientes productos a su destino).

La agricultura intensiva es un sistema de producción agrícola que explota un terreno de grandes dimensiones con un único cultivo y durante muchísimos años. El resultado del monocultivo es la desaparición de la variedad de las demás plantas y los animales de esa zona (pérdida de biodiversidad) y también el empobrecimiento del suelo.

Deberíamos volver a la llamada «rotación de cultivos», que hoy llamamos «sistemas agrícolas diversificados»: cultivar más cosas, diversificar los paisajes agrícolas, reducir el uso de los fertilizantes y pesticidas más agresivos y recuperar la variedad de animales y plantas.

En el libro de la colección dedicado a la Economía, te explicamos cómo funciona el mercado. Hoy los alimentos son como un producto industrial, muchas veces insostenible desde el punto de vista medioambiental: la red necesaria para transportar los alimentos consume y contamina. Llegan cada mañana en camiones, trenes y vagones, luego se descargan, se mantienen frescos en almacenes hambrientos de electricidad, se almacenan en estanterías y se venden. Y lo que no se vende se tira a la basura. Y las familias actuamos de manera similar: compramos demasiada comida y mucha termina en la basura.

En Europa, en un año, una familia de cuatro personas desperdicia de cinco a seis neveras llenas de comida... ¡solo por haber comprado de más!

Así que, si puedes, cuando vayas a comprar, busca productos que no hayan viajado mucho y, cuantos menos envases lleven, mejor. Ten a mano una tabla con las verduras de temporada y, sobre todo, ve a comprar con una lista bien pensada y sin excesos. Tampoco te dejes tentar por ofertas especiales: así aportarás tu granito de arena.

LOS HUERTOS URBANOS

Las granjas urbanas, las granjas verticales, son tecnologías y proyectos que pretenden criar y cultivar en la ciudad, utilizando menos agua y tierra que la que se necesita en el campo, gracias al riego por goteo y a técnicas de iluminación con lámparas LED similares a las de los cultivos experimentales que se llevan a cabo en el espacio. La condición es cultivar alimentos rápidamente en un espacio pequeño (y con pocas posibilidades de seguir creciendo).

Vacas y cerdos como sardinas en lata

La carne que solemos comer es el resultado de una ganadería en la que los animales, demasiados y en muy poco espacio, no tienen libertad para moverse, pastar y buscar alimento de forma autónoma. Nacen y crecen apretados como sardinas en lata, en gigantescos establos-fábrica. Este tipo de ganadería, junto con otras técnicas de agricultura intensiva, además de provocar que no sean animales felices, genera entre el 15 % y el 16 % de todas las emisiones de gases de efecto invernadero en el mundo. Además, si se contabiliza el suelo de pasto y el que se utiliza para producir piensos, ambos para el ganado, representan en conjunto un 77% del total del suelo agrícola.

VERDADERO O FALSO

Un filete vale como 10 comidas completas.

VERDADERO. La energía y los recursos para obtener un kilo de carne de vaca son los mismos que se necesitan para producir cereales y frutas para alimentar a unas 80-90 personas. Has leído bien: un filete vale como 10 comidas completas.

Por tierra y por mar

Además del uso del suelo, debemos tener cuidado con la explotación del mar: el pescado es un recurso renovable, pero no es infinito. En todo el mundo su consumo ha aumentado y, aunque sin duda es un alimento saludable, hay que prestar atención a su origen, su tipo y su estacionalidad.

Al menos un tercio
de las poblaciones
de peces está
sometido a
sobrepesca. En
el Mediterráneo
la proporción
se dobla:
el 60%.

Por lo que respecta a los recursos del mar, el problema tiene un nombre concreto: *sobrepesca*. Piensa en nuestro Ele Mento... Ele es un duende de jardín y, como bien sabes, los duendes son muy buenos excavadores. Si Ele y sus amigos extrajeran minerales a un ritmo alocado, sin detenerse nunca, ¿qué pasaría? Fácil: en pocos años se agotaría su mina.

Lo mismo puede suceder en el mar, porque los peces, moluscos y crustáceos tienen un tiempo natural de repoblación; si pesco demasiado y demasiado rápido, corro el riesgo de vaciar el mar de esa especie, provocando así su extinción.

El dorado no está de moda

Además, hay otro problema: cuando un barco pesquero saca una red llena, una parte de la captura se suele devolver al mar, pero... evidentemente ya muerta. ¿Por qué? Porque en el mercado nadie quiere especies perfectamente comestibles, pero no lo bastante conocidas por el público. ¿Alguna vez has comido filete de pez aguja?

Solo en el Mediterráneo hay más de quinientas especies de peces comestibles y muy sabro-

¡HOLA!

sos, pero desconocidos porque no «están de moda» en los restaurantes ni en los programas de cocina. Estas especies no están en riesgo de extinción, como el dorado, o pez delfín, una especie migratoria también presente en nuestros mares, de rápido ritmo de crecimiento y que es perfecta para hacer a la parrilla. O como el caramel, ideal para freír, o la oblada, un pescado azul que nada cerca de la superficie, que tiene muy buena carne y una excelente capacidad de reproducción.

En mitad del océano es como en el salvaje Oeste, ya que no hay guardacostas que vigilen y a menudo se

> «Hay peces muy sabrosos, pero no los pescamos ni los comemos porque no los conocemos.»

A COMPRAR JUNTOS

Tus vecinos y tú también podéis intentar organizar grupos de compra solidaria o participar en cooperativas de consumo o en *food hubs* para comprar juntos fruta, verdura, leche, huevos y carne de pequeños productores cercanos y repartir los productos una vez a la semana.

ignoran los acuerdos internacionales: según datos recopilados por el Marine Stewardship Council (una organización internacional sin ánimo de lucro creada, entre otras cosas, para hacer frente al problema de la sobrepesca), el 20 % del pescado fresco y más del 30 % del pescado congelado se captura ilegalmente... y no nos damos cuenta.

¿Cómo puedes mejorar la situación? Compra sobre todo pescado procedente de las cofradías locales, que adoptan medidas de pesca sostenibles y velan por la recuperación de sus caladeros.

Evita el que proviene de países en desarrollo (donde se emplea mano de obra mal pagada y al mismo tiempo se restan recursos alimentarios a las poblaciones locales).

Y en los supermercados, busca la certificación MSC, de la organización antes citada Marine Stewardship Council. Este sello garantiza que ese pescado se ha obtenido con prácticas de captura ecosostenibles, especialmente en alta mar.

Pequeños huertos que crecen

Según la FAO, la Organización de las Naciones Unidas para la Alimentación y la Agricultura, hay más de 608 millones de granjas familiares en el mundo, que cultivan entre el 70 y el 80 % de las tierras agrícolas y producen alrededor del 80 % de los alimentos mundiales. Ellos son la auténtica riqueza: pequeñas empresas que utilizan métodos agrícolas más sostenibles y, de esta manera, protegen la tierra.

Por su propia naturaleza, se inclinan más hacia opciones conservadoras y tradicionales y desean producir alimentos «orgánicos». Estos, a veces, no son los más «fotogénicos», así que, cuando vayas a comprar, no te dejes engañar por frutas bonitas y brillantes. Desconfía de la química de los maquillajes y presta atención a la química del contenido.

Las frutas y verduras saludables son más sabrosas y energéticas.

Y tú siempre necesitas una buena dosis de energía.

Venga, ve a cambiarte que salimos.

14

¿DE QUÉ ESTÁ HECHA MI CAMISETA?

Hasta hace un siglo solo podías vestirte con materiales naturales, es decir, fibras vegetales, pieles de animales y ese término medio que durante siglos fue un misterio: la seda, los filamentos producidos por un gusano.

Tus antepasados han curtido pieles y han confeccionado abrigos de piel durante milenios; si estos últimos volvieron a estar de moda hace cincuenta años, hoy prácticamente han desaparecido (y menos mal). De las pieles pasaron luego a los tejidos, es decir, aprendieron a tejer hilos para obtener materiales más resistentes.

Es probable que la lana fuera el primer tejido, quizá en Babilonia, hacia el año 4000 a.C. Si sientes curiosidad por saber el nombre del inventor del suéter, la verdad, no lo sabemos. Sí sabemos que los fenicios, los griegos y los romanos comerciaban con lana y que, siglos después, de todos los gremios de la Florencia renacentista, el de la lana era uno de los más potentes. Puedes hacer prendas de lana con varios tipos de pelo: oveja, llama, camello... Y con pelos más o menos valiosos, como el cachemir, que se obtiene de los lomos de las cabras jóvenes, las *Capra hircus*, originarias de la zona de Cachemira. Como es cálido, fino, valioso y no hay mucho, resulta muy caro.

Para prendas más finas y ligeras, es mejor el lino, tejido en Egipto, Palestina y Libia mil años después de la lana. Se obtiene de los filamentos de una planta de flores blancas y semillas oleosas (de las que se exprime un aceite indispensable para la elaboración de colores), que hay que arrancar de tierra para poderlas procesar.

LA ELABORACIÓN DEL LINO

SE PLANTA EN PRIMAVERA

SE CORTA

SE HACEN MANOJOS

SE DEJA SECAR AL SOL

El algodón también proviene de una planta, con flores grandes, espinas en el tallo y semillas que, cuando se abren, quedan rodeadas de una espesa pelusa blanca y amarilla. Fue descubierto otros mil años después del lino, se cree que en la India, y luego se llevó a otros territorios por los comerciantes árabes y a América por los europeos. Es un tejido fuerte, resistente y muy absorbente.

La seda es contemporánea del algodón: se procesó por primera vez en China alrededor del año 2000 a.C. y se fabrica con los 800 metros de filamento viscoso con los que cada gusano de seda construye su capullo. Resistente, ligera, aislante (no conduce la electricidad), no solo es muy elegante, sino práctica, pues con ella se fabrican los hilos con los que se dan los puntos de sutura cuando tenemos una herida.

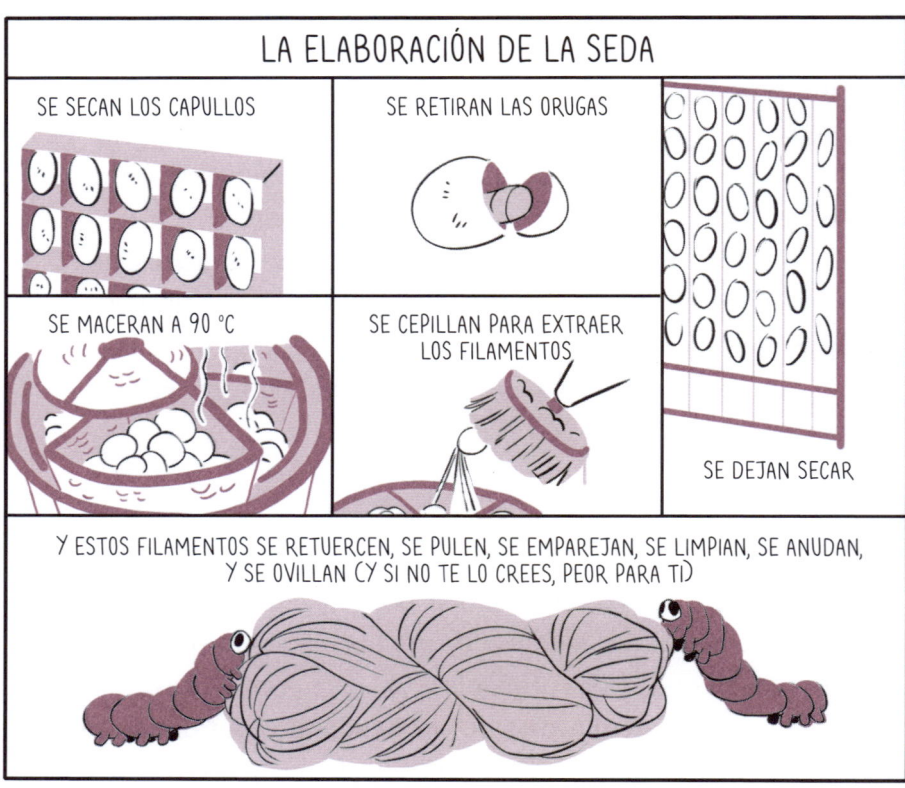

LA ELABORACIÓN DE LA SEDA

SE SECAN LOS CAPULLOS

SE RETIRAN LAS ORUGAS

SE MACERAN A 90 °C

SE CEPILLAN PARA EXTRAER LOS FILAMENTOS

SE DEJAN SECAR

Y ESTOS FILAMENTOS SE RETUERCEN, SE PULEN, SE EMPAREJAN, SE LIMPIAN, SE ANUDAN, Y SE OVILLAN (Y SI NO TE LO CREES, PEOR PARA TI)

Me visto con plástico

Sí, usas más plástico de lo que crees. De hecho, los tejidos también pueden ser enteramente artificiales o sintéticos. Los que hemos estado viendo se elaboran a partir de materias primas naturales y orgánicas, como el rayón, el más común para camisetas y vestidos, que comienza como una fibra de madera o de algodón a la que se le añade sosa cáustica (y también sulfuro de carbono).

Las fibras sintéticas, por su parte, se diseñan en la mesa de un laboratorio y derivan casi exclusivamente del petróleo.

Como tu forro polar, por ejemplo, o el traje de buceo de tu tío, que es de neopreno. No se arrugan, son resistentes, absorben bien el calor y se tiñen mejor. Se pueden producir en cualquier lugar y cuestan menos que otras fibras porque no requieren todos los procesos de recolección y elaboración.

¿Perfectas? No, pues presentan algunos *peros* graves: no son biodegradables (ya lo sabíamos), generan microplásticos (por ejemplo, cuando las metes en la lavadora, algo que hemos descubierto recientemente) y pueden provocar reacciones alérgicas.

El mapa de mi armario

Si sacas tu ropa del armario, podrás descubrir de qué está hecha y dónde se hizo. Si cuentas los distintos «*made in...*», verás que lo más probable es que la mayor parte de las prendas que vistes hayan sido producidas en Asia, donde el trabajo se paga peor y hay menos respeto por la salud de los trabajadores y el medioambiente. Son prendas de «moda rápida», a las que luego se les coloca la etiqueta de su diseñador y se comercializan.

EL GORE-TEX

Es una fibra sintética. La creó Wilbert Gore cuando se dio cuenta de que las gotas de sudor son más pequeñas que las de agua e imaginó un tejido que dejara salir las primeras y no permitiera entrar a las segundas. Está formado por diez membranas superpuestas que forman miles de millones de agujeritos microscópicos.

15

¿YA HEMOS DESCUBIERTO TODO?

¡Qué va!

Ni siquiera sabemos lo que hay en el fondo de los océanos ni en las profundidades de las montañas (el agujero más profundo jamás excavado por el hombre es de unos diez kilómetros). Como ya te hemos contado, cuando Mendeléyev concibió la tabla de los elementos, sabía que se descubrirían otros nuevos.

Algunos estudiosos prefieren mirar el cosmos: en el espacio podrían formarse elementos superpesados, incluidos los aún no detectados, a partir de colisiones de estrellas de neutrones (uno de los fenómenos más catastróficos del Universo, del que te hablaremos en otro libro de esta colección).

¿De qué nos sirve descubrir nuevos elementos? No lo sabemos, pero no importa. La esencia de la investigación química, física y científica en general (además de otras) es la investigación misma: hacerse preguntas para hacerse otras preguntas.

En pocas palabras, ser permanentemente curiosos.

El futuro de todo

En 1912, un gran químico italiano, Giacomo Ciamician, planteó lo que para él tenía que ser el desafío de la química: «hacer como las plantas». Más de un siglo después, esta «química verde», una química mejor, sigue siendo un desafío. El desafío de conseguir procesos más limpios y cambiar todo el sistema de producción y síntesis de los materiales que necesitamos.

Los principios a seguir son doce: todos ellos parecen simples, pero no lo son en absoluto.

1. Prevención (y limitación) de residuos, ya durante la fase de producción.
2. Economía de los átomos, es decir, utilizar la menor cantidad de materiales posible.

3. Síntesis seguras: concebir métodos que no produzcan sustancias tóxicas.
4. Fabricación de productos químicos más respetuosos con el medioambiente.
5. Uso de disolventes y sustancias auxiliares más seguros.
6. Eficiencia energética: las necesidades energéticas deben reducirse al mínimo.
7. Uso de materias primas renovables.
8. Reducción de derivados innecesarios que generen residuos.
9. Catálisis, o sea, uso de más sustancias que pueden acelerar las reacciones químicas.
10. Degradabilidad: fabricación de materiales que se degradan en un tiempo razonable.
11. Prevención de la contaminación, con un seguimiento continuo.
12. Prevención de accidentes.

Otro objetivo de los químicos es encontrar «materiales inteligentes», capaces de modificar sus características a medida que cambian las condiciones ambientales que los rodean: se llaman «polímeros» y, además de aparecer en las películas de Marvel, constituyen la base del desarrollo de la nanoquímica, es decir, la parte de la nanotecnología que se ocupa de la síntesis y el análisis de materiales de tamaño nanométrico (entre 1 y 100 nanómetros, es decir, entre 10^{-9} y 10^{-7} metros). Es una química que interactúa estrechamente con la biología y, de manera más general, con las demás ciencias.

Así pues, el futuro en química pasa por innovar tecnológicamente, crear materias primas de alta calidad a partir de fuentes renovables y eliminar la contaminación.

Por su parte, para la física, los desafíos serán la investigación sobre la energía, sobre el ahorro de energía, sobre el almacenamiento de energía, sobre la movilidad eléctrica, sobre materiales más respetuosos con el medioambiente y, en definitiva, sobre muchos aspectos que podrán ayudarnos a planificar y desplegar un desarrollo sostenible.

¿Qué podemos pedir al futuro?

Pues le puedes pedir una mejor calidad de vida, pero no solo para ti, puesto que dentro de unos años seremos muchísimos en este planeta, y a todos nos gustaría comer, vestirnos y estar a gusto. Esto pasa por consumir todos lo justo: menos desperdicios en los países más ricos y más protección para quienes pagan los excesos de otros.

Una conciencia ecológica generalizada, tanto en la creación de todo cuanto producimos, como en el tratamiento de los desechos o su reciclaje.

LA BIOMASA

El calor de una chimenea es energía procedente de biomasa natural, la madera, pero también de muchos residuos agrícolas o de la industria alimentaria. Recordemos que quemar implica emitir CO_2, por lo que es mejor dar preferencia a la biomasa procedente de los residuos y no quemar madera «nueva». Y cuanto menos quememos, mejor: la quemes como la quemes, la madera siempre libera CO_2.

Con la reciente pandemia de COVID-19, vimos de primera mano que la industria farmacéutica mundial y la química modernas pueden salvarnos la vida, tal cual. Sin embargo, debemos pedirles que repasen más menudo el decálogo del químico Giacomo Ciamician. Pero también podemos empezar por nuestras decisiones cotidianas: lo que compramos, la energía y el agua que consumimos y, en definitiva, nuestro estilo de vida.

Smart cities, smart people

A veces, en lugar de descubrir nuevas materias, puede resultar útil hacer un mejor uso de las que ya existen; por ejemplo, transformando poco a poco, con la tecnología actual, las ciudades en «ciudades inteligentes» y a los ciudadanos en ciudadanos más conscientes, disponibles y dispuestos a colaborar (por ejemplo, con la sencilla acción de compartir un coche para viajar juntos a destinos próximos o para hacer compras conjuntas).

¡BOTÁNICA ESPACIAL!

La astrobotánica es la ciencia que estudia las plantas en un ambiente espacial. Desde el perejil hasta las patatas, desde la lechuga hasta los girasoles, son muchas las especies de plantas que se cultivan en el espacio.

¿Por qué?

Pues porque los problemas del espacio son los problemas de la Tierra. Cultivar plantas en el espacio puede enseñarnos a hacerlas más productivas y crear una dieta rica y equilibrada utilizando pocos recursos, lo cual es una bendición tanto para un astronauta como para un agricultor.

SALUDOS Y HASTA LA VISTA

AAcabamos con Primo.

Espera, no queremos decir que vayamos a citar a alguno de nuestros primos sino las palabras de un famosísimo escritor, de quien a lo mejor has oído hablar. Se llamaba Primo Levi y lo que quizá no sepas es que también era un buen químico y estaba convencido de que su disciplina servía para todo: «La química sirve para cultivarse, sirve para crecer, sirve para encajar de alguna manera en las cosas concretas».

Estamos seguros de que a lo largo del viaje que emprendimos juntos en la primera página y que ahora terminamos, has ido cayendo en la cuenta de que saber química y física significa ocuparse de cosas cotidianas. Significa disponer de un precioso manual de instrucciones de uso del Universo y de lo que contiene. Por supuesto, todavía no lo sabemos todo, razón por la cual se trata de un manual vivo y en constante actualización. Sin duda, el trabajo de muchos científicos nos ha permitido desvelar bastantes «trucos» de esa maravillosa magia que es la naturaleza. Como dijimos al principio, tú, nosotros y también Ele Mento somos «polvo», pero podemos ser un «polvo consciente» y usar y compartir nuestro conocimiento común para mejorar la vida, tanto en nuestros hogares como en la gran casa común que es el mundo.

Y si eres una persona de mente curiosa quizá este libro te sirva también de inspiración para seguir el camino de tantos científicos que nos han abierto los ojos, dándonos a conocer de qué está hecho nuestro entorno.

Que la fuerza nos acompañe.

Y que también nos acompañen la masa, la aceleración, la fricción, las ondas electromagnéticas...

ENCICLOPEDIA JUVENIL PARA MENTES CURIOSAS

Otros libros de la colección:

- ¿CUÁL ES EL VALOR DE LAS COSAS?
  — LA ECONOMÍA

- ¿QUÉ TENEMOS EN LA CABEZA?
  — EL CEREBRO

- ¿CUÁNTO DURA UN AÑO LUZ?
  —EL UNIVERSO

SIMPLY

IA

akal

www.akal.com

DK LONDON

SEGUNDA EDICIÓN

Editor senior Chauney Dunford
Diseñador senior Mark Cavanagh
Editores Daniel Byrne, Elizabeth Dowsett, Steve
Setford, Alison Sturgeon, Andrew Szudek
Editor ejecutivo Gareth Jones
Editor gráfico ejecutivo senior Lee Griffiths
Editor de producción Robert Dunn
Supervisora de producción senior Rachel NG
Diseñadora de cubierta Akiko Kato
Directora de Desarrollo de diseño de cubierta
Sophia M.T.T.
Directora gráfico Karen Self
Directora asociado de publicación Liz Wheeler
Director de publicación Jonathan Metcalf

Esta edición ha sido publicada en 2024
Primera publicación en el Reino Unido en 2023
por Dorling Kindersley Limited DK, One Embassy
Gardens, 8 Viaduct Gardens, Londres, SW11 7BW

© 2023, 2024 Dorling Kindersley Limited
Compañía perteneciente a Penguin Random
House

Título original: *Simply AI*

Traducido del inglés por: Dulcinea Otero-Piñeiro

Revisión científico-técnica de:
David Galadí-Enríquez, doctor en física

© para lengua española,
Ediciones Akal, S. A., 2025
Sector Foresta, 1
28760 Tres Cantos
Madrid - España
Tel.: 918 061 996
Fax: 918 044 028
www.akal.com

ISBN: 978-84-460-5619-5
Depósito legal: M-24.461-2024

Impreso en China

ASESORA

Hilary Lamb es una periodista, editora
y autora galardonada y especializada en
ciencia y tecnología. Estudió física en la
Universidad de Bristol y comunicación
de la ciencia en el Imperial College de
Londres antes de pasar cinco años como
reportera en plantilla de una revista. Ha
trabajado en otros títulos de DK, entre
ellos *How Technology Works, The Physics
Book*, y *Simply Quantum Mechanics.*

ASESOR EDITORIAL

Joel Levy es un escritor especializado
en ciencia y en historia de la ciencia. Sus
obras exploran tanto la ciencia general
como la tecnología más singular, y entre
sus libros figuran títulos como The
Infinite Tortoise: *The Curious Thought
Experiments of History's Great Thinkers,
Gothic Science: The Era of Ingenuity and
the Making of Frankenstein, y Reality
ahead of Schedule: How Science Fiction
Inspires Science Fact.*

COLABORADORA

La doctora Claire Quigley es una
especialista en informática que ha
trabajado en las universidades de
Cambridge y de Glasgow. Ha
programado para la BBC y para Virgin
Media, y ha escrito para otros títulos
de DK, entre ellos *Help Your Kids with
Computer Science, Computer Coding
Python Games for Kids, y Computer
Coding Python Projects for Kids.*

ÍNDICE

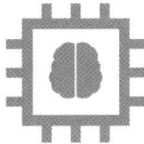

INTELIGENCIA ARTIFICIAL ESTADÍSTICA

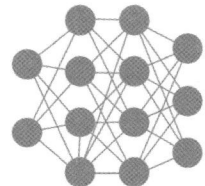

INTELIGENCIA ARTIFICIAL APLICADA

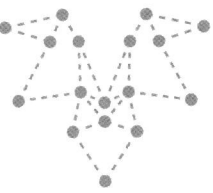

LA FILOSOFÍA DE LA INTELIGENCIA ARTIFICIAL

CONVIVIR CON LA INTELIGENCIA ARTIFICIAL

¿QUÉ ES LA INTELIGENCIA ARTIFICIAL?

La inteligencia artificial (IA) es la inteligencia que exhiben las máquinas, las cuales, a su vez, también se conocen a veces con esa denominación. La historia de la IA se remonta a los años cincuenta del siglo xx, cuando se construyeron las primeras computadoras modernas. Las décadas transcurridas desde entonces han visto oleadas de entusiasmo y de desencanto, así como el desplazamiento del foco de atención de las IA basadas en la lógica formal (llamadas «clásicas» o «lógicas») a las basadas en datos y estadísticas. Hoy, la investigación en IA está dominada por el aprendizaje de máquinas (empleo de grandes conjuntos de datos para entrenar modelos de IA que realicen tareas para las que no han sido programadas), que trabajen de forma rápida y con destreza.

La cultura popular suele presentar la IA como rival de la inteligencia humana, incluso como una amenaza existencial. Pero en realidad las tecnologías de IA tienden a quedar restringidas a sus aplicaciones y están muy lejos de alcanzar siquiera la inteligencia de un gato, no digamos ya la de un ser humano. No obstante, la IA constituye una herramienta muy potente cuando se aplica a problemas específicos, como la lectura de caligrafía manuscrita, la recomendación de programas de televisión o el diagnóstico de afecciones médicas.

Usamos la IA a diario, incluso sin darnos cuenta. Sin embargo, a medida que va asumiendo cada vez más tareas humanas, la IA suscita preguntas sobre cómo garantizar que siga al servicio de toda la humanidad, y no solo al servicio de sí misma o de una elite poderosa. Las máquinas dotadas de visión ejecutan tareas que antes se consideraban exclusivas del ser humano, y hasta producen obras de arte o música, algo que cuestiona las convicciones más arraigadas sobre qué significa ser humano. Nuestro futuro con la IA sigue siendo incierto, pero podemos perfilarlo con la ayuda de la ciencia, la ingeniería, las matemáticas, la filosofía, la política y la de cualquier otra profesión interesada en forjar el futuro de la humanidad.

LA HISTO
INTELIGE
ARTIFIC

RIA DE LA NCIA IAL

Mucho antes de que la IA se convirtiera en una realidad, el concepto de «máquina viviente» ya existía en la mitología, en especial en los relatos de la Grecia y la China antiguas. Fue por primera vez en el siglo XVIII, cuando la ingeniería produjo dispositivos complejos y autoimpulsados llamados «autómatas». Entretanto, la filosofía valoraba si el pensamiento humano podría simularse mediante la manipulación de símbolos, una idea que condujo a la invención de las primeras computadoras digitales programables en la década de 1940. A finales de la década de 1950, la IA ya se admitía como un campo de estudio, y las computadoras habían alcanzado una potencia insospechada, lo que condujo a la creación de sistemas de IA cada vez más versátiles, aunque no puede decirse que ninguna de ellas esté «viva».

UNA IMITACIÓN DE LA VIDA

Un autómata es una máquina capaz de funcionar por sí sola siguiendo una serie de instrucciones programadas. A lo largo de la historia, los autómatas eran juguetes animados –figuras humanas o animales con mecanismos de relojería–, algunas de ellas con una semejanza asombrosa con los seres vivos. Los autómatas electrónicos modernos son el campo de trabajo de la animatrónica y se usan para crear personajes en películas o en parques temáticos.

En el contexto de la IA, el término «autómata» se refiere a una computadora que se puede programar para que ejecute una tarea específica, como predecir la evolución de la Bolsa o analizar patrones de comportamiento en las compras. Los sistemas de IA más recientes son muy sofisticados y dotados de una mente propia. Pero, aún está por construir una IA capaz de controlar sus propias acciones.

ANDROIDE

Un androide es un autómata diseñado para imitar comportamientos humanos.

INTELIGENCIA LINGÜÍSTICA

INTELIGENCIA ESPACIAL

DEFINICIÓN DE INTELIGENCIA

El matemático inglés Alan Turing (1912-1954) ideó una prueba para esclarecer si una máquina posee o no una inteligencia similar a la humana (véanse pp. 130-131). El test de Turing original se centraba en la inteligencia numérica (la capacidad de efectuar cálculos matemáticos). Sin embargo, la ciencia actual argumenta que, dado que existen distintos tipos de inteligencia (como la artística o la emocional), una IA debería demostrar que cuenta con todas ellas para considerarla equivalente a un ser humano. En términos generales hay ocho tipos de inteligencia, entre los que figuran la inteligencia sensorial (la capacidad de interactuar con el entorno) y la inteligencia reflexiva (la capacidad de reflexionar acerca del propio comportamiento y de modificarlo).

INTELIGENCIA ARTÍSTICA

INTELIGENCIA EMOCIONAL

INTELIGENCIA NUMÉRICA

INTELIGENCIA FÍSICA

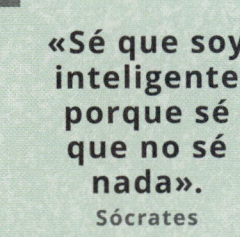

«Sé que soy inteligente porque sé que no sé nada».
Sócrates

INTELIGENCIA SENSORIAL

INTELIGENCIA REFLEXIVA

PENSAR = CALCULAR

Se conoce como «computacionismo» la idea de que cualquier tipo de pensamiento, sea humano o artifical, constituye en el fondo una forma de cálculo (véase p. 15). En concreto, se identifica el pensamiento con un proceso algorítmico que convierte entradas simbólicas en salidas simbólicas (véase p. 36). El computacionismo plantea que el cerebro humano es una computadora y que, por tanto, llegará el día en que una IA sea capaz de hacer cualquier cosa que esté al alcance de un cerebro. Dicho de otro modo, según este punto de vista, una IA no se limitaría a simular el pensamiento, sino que poseería una verdadera consciencia de tipo humano.

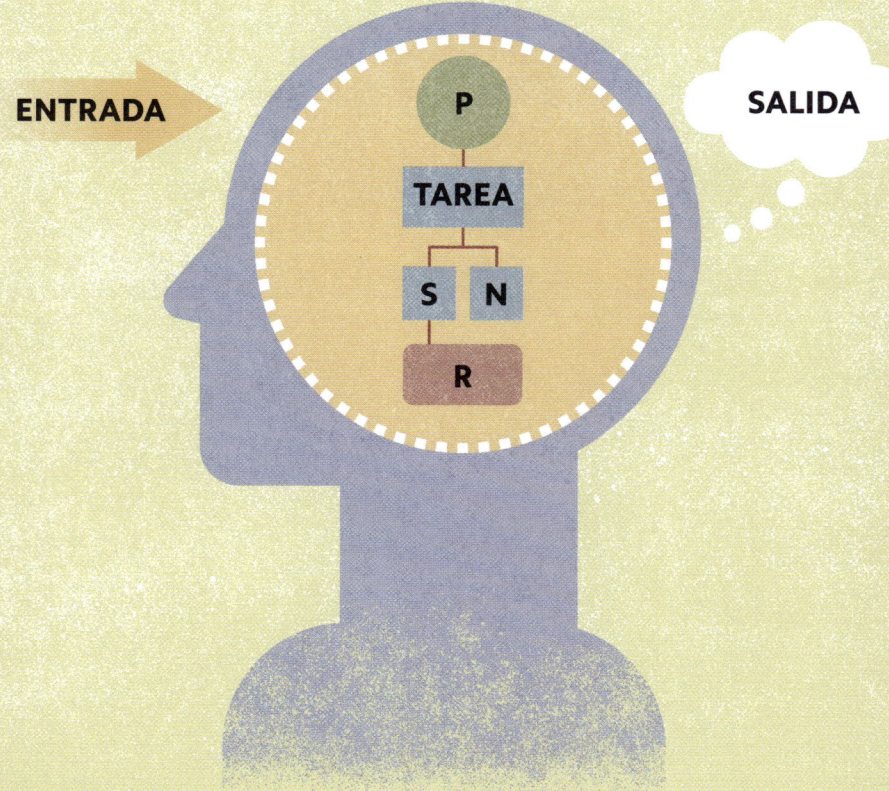

ENTRADA

SALIDA

P

TAREA

S   N

R

CEROS Y UNOS

El código binario representa la información,
como por ejemplo las instrucciones, empleando
tan solo dos números o dígitos. El código binario
más frecuente en informática recurre a los
números 0 y 1, cada uno de los cuales constituye
un «bit» de información. Cualquier número se
puede convertir en ceros y unos (por ejemplo,
la cifra en base diez 12 se convierte en 1100 en
código binario), y lo mismo puede hacerse con
cualquier letra de cualquier alfabeto conocido.
Los dos dígitos pueden utilizarse, también, para
representar los dos posibles estados de la
corriente eléctrica («encendido» o «apagado»),
lo que significa que un programa expresado en
código binario puede ser leído por una
computadora.

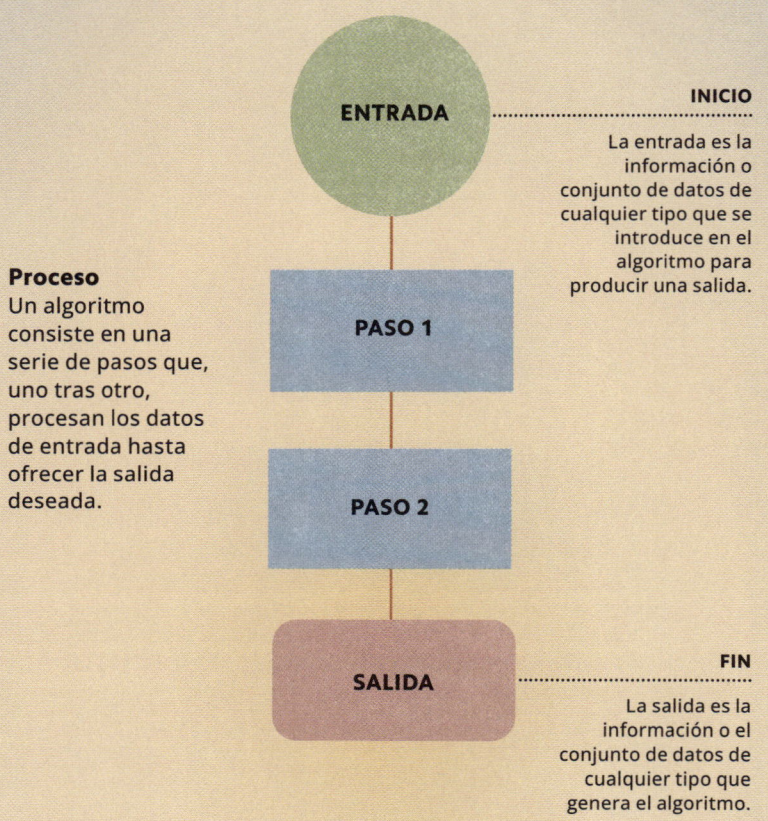

INICIO

La entrada es la información o conjunto de datos de cualquier tipo que se introduce en el algoritmo para producir una salida.

Proceso

Un algoritmo consiste en una serie de pasos que, uno tras otro, procesan los datos de entrada hasta ofrecer la salida deseada.

FIN

La salida es la información o el conjunto de datos de cualquier tipo que genera el algoritmo.

PASO A PASO

Un algoritmo es una sucesión de instrucciones con el fin de ejecutar una tarea. Parte de una entrada, que podría ser información o datos, la procesa en una serie de pasos y genera el resultado deseado, la salida. La tarea o proceso puede ser desde un cálculo simple hasta seguir una receta para cocinar un plato, pasando por resolver ecuaciones matemáticas complejas. Un algoritmo supone un ejemplo de lo que en matemáticas se llama un «método efectivo», lo cual significa que se compone de un número finito de pasos y genera una respuesta definida, la salida.

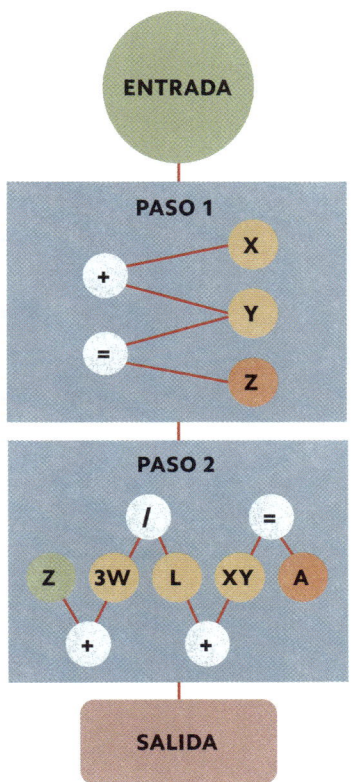

Componentes de un cálculo

Todo cálculo tiene una entrada y una salida, consta de varios pasos y puede ir desde una simple suma hasta la resolución de ecuaciones complejas.

ALGORITMOS EN ACCIÓN

Un cálculo es una operación matemática que sigue los pasos de un algoritmo (véase p. anterior). El ejemplo más sencillo de cálculo son las operaciones aritméticas. Por ejemplo, para sumar de memoria un par de números de tres cifras se sigue una serie de pasos, un algoritmo. Los cálculos utilizan símbolos para representar los números, pero los símbolos podrían representar casi cualquier cosa (véase p. 36). Si se emplean los símbolos y algoritmos adecuados, es posible realizar cálculos extremadamente complejos.

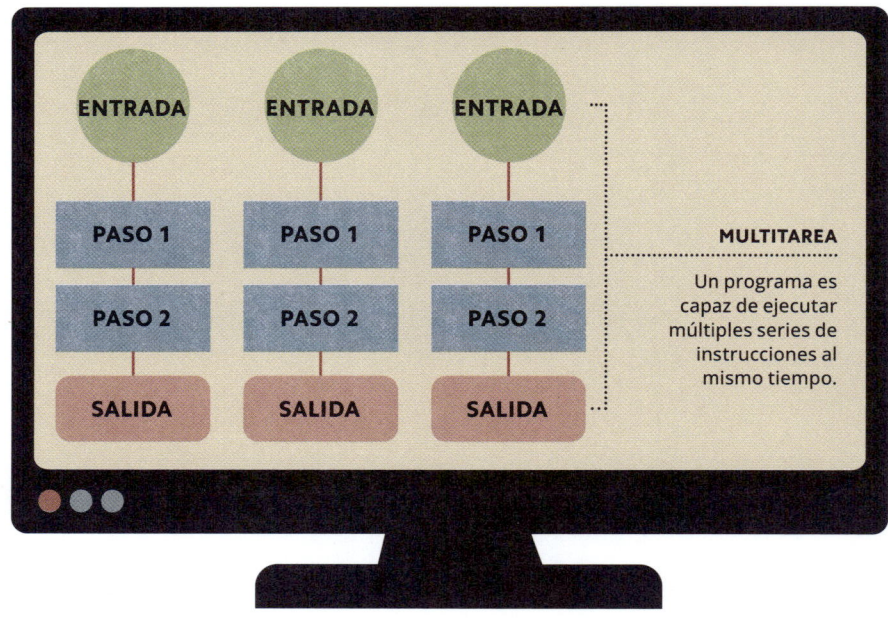

ENTRADA **ENTRADA** **ENTRADA**

PASO 1 **PASO 1** **PASO 1**

PASO 2 **PASO 2** **PASO 2**

SALIDA **SALIDA** **SALIDA**

MULTITAREA

Un programa es capaz de ejecutar múltiples series de instrucciones al mismo tiempo.

INSTRUCCIONES PARA COMPUTADORAS

Un programa es una sucesión de instrucciones escritas en un código que permite a una computadora realizar una o varias tareas. Charles Babbage (véase p. siguiente) concibió los primeros programas. Se inspiró en el diseño de un telar concreto para tejer seda que tenía piezas que se movían arriba o abajo dependiendo de un patrón de agujeros practicados en una tarjeta. Babbage se dio cuenta de que esos orificios podrían almacenar las instrucciones necesarias para actuar sobre los engranajes y las palancas de la máquina que estaba diseñando: el «ingenio analítico». Las computadoras modernas funcionan a partir del mismo principio cuando siguen una serie de instrucciones que suelen venir escritas en código binario (véase p. 13).

LAS PRIMERAS COMPUTADORAS MECÁNICAS

En el siglo XIX se llamaba «computadoras» a las personas que producían las complejas tablas numéricas que se usaban para la navegación, campañas bélicas u otros fines. El matemático inglés Charles Babbage (1791-1871) inventó lo que bautizó como «máquina diferencial» para evitar los errores derivados de equivocaciones humanas: una máquina capaz de ejecutar cálculos matemáticos por medios mecánicos. Babbage diseñó más adelante la «máquina analítica», una calculadora de propósito general que podía programarse con tarjetas perforadas (véase p. anterior) y que contaba con módulos separados para la memoria y para las unidades de procesamiento. Aunque nunca llegó a construirse, la máquina analítica contaba con muchos de los rasgos característicos de las computadoras modernas (véase p. 22).

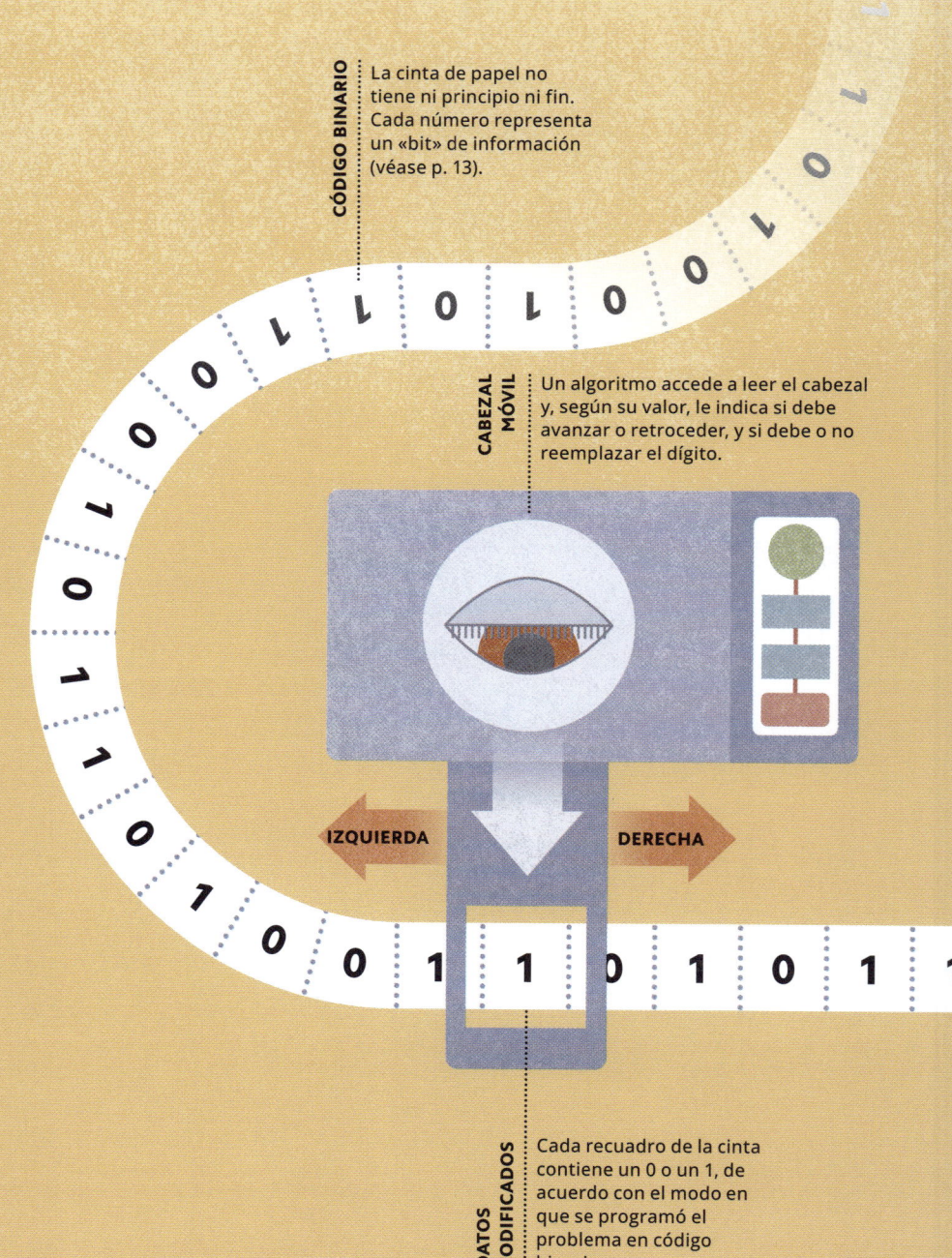

La cinta de papel no tiene ni principio ni fin. Cada número representa un «bit» de información (véase p. 13).

CABEZAL MÓVIL

Un algoritmo accede a leer el cabezal y, según su valor, le indica si debe avanzar o retroceder, y si debe o no reemplazar el dígito.

IZQUIERDA

DERECHA

DATOS CODIFICADOS

Cada recuadro de la cinta contiene un 0 o un 1, de acuerdo con el modo en que se programó el problema en código binario.

UNA COMPUTADORA TEÓRICA

El matemático inglés Alan Turing (1912-1954) propuso en 1936 una máquina imaginaria capaz de resolver cualquier problema «computable» (véase p. 15). Es decir, su máquina tendría la capacidad de solucionar cualquier problema que pudiera plasmarse utilizando símbolos y algoritmos que luego se traducirían a código binario (véase p. 13).
El dispositivo constaba de un cabezal que se movía sobre una cinta que portaba escrita información binaria. Aunque no se construyó nunca, la Máquina Universal de Turing dio inicio a la revolución informática al demostrar que un aparato es capaz de enfrentarse a cualquier problema computable.

1 0 1 1 1 0 0 0 1 0 1

Una máquina de resolución de problemas
Un cabezal de lectura y escritura se mueve hacia delante o hacia atrás sobre una cinta de papel. El cabezal sigue las instrucciones de un algoritmo y convierte los ceros en unos o viceversa, dependiendo de lo que haya sucedido antes.

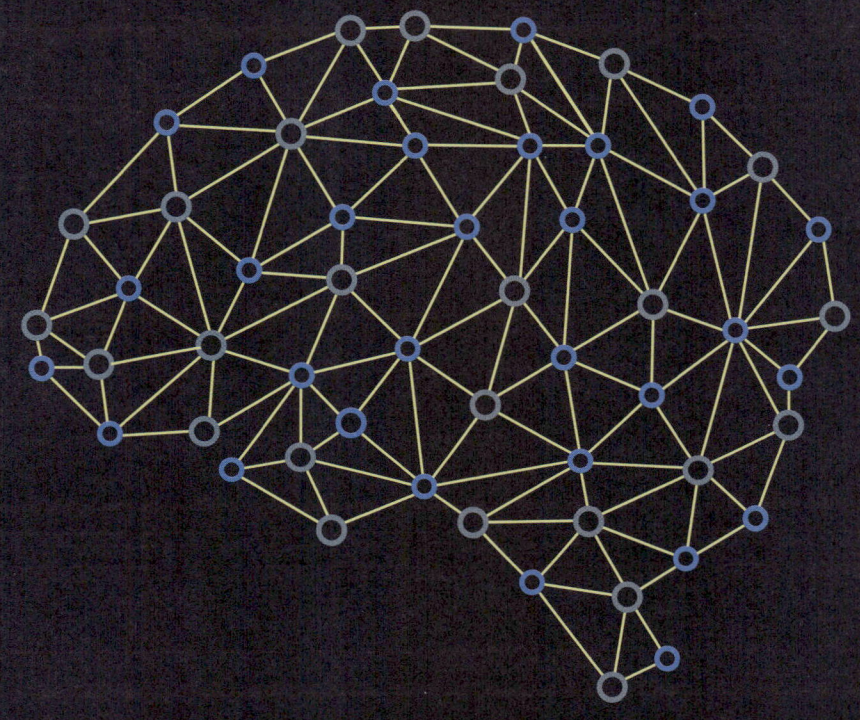

UN CEREBRO ELECTRÓNICO

Alan Turing (véanse pp. 18-19) demostró que una máquina puede ejecutar cualquier cálculo (véase p. 15) si se emplea la combinación de símbolos adecuada. El científico Walter McCulloch (1898-1969) y el matemático Walter Pitts (1923-1969) probaron en 1943 que una red de unidades basada en las células nerviosas humanas, las neuronas, por las que circularan arriba y abajo señales eléctricas sería equivalente a una máquina de Turing. Plantearon que el cerebro podría ser una especie de computadora viva, lo que significa que el programa que se ejecuta en el cerebro humano podría funcionar también en un cerebro electrónico. Esta teoría recibe el nombre de «principio de realizabilidad múltiple» (véase p. 136).

NEURONAS ARTIFICIALES

Cada una de los 86 000 millones de neuronas que hay en un cerebro humano se comporta, de manera efectiva, como un procesador minúsculo que recibe señales eléctricas (entradas) procedentes de otras neuronas y que emite hacia el exterior señales propias (salidas). McCulloch y Pitts (véase p. anterior) repararon en que las neuronas pueden actuar como puertas lógicas, unos dispositivos que se activan o desactivan (véase p. 13) dependiendo de las entradas que reciben. Estos científicos describieron una neurona imaginaria, a la que llamaron «unidad lógica de umbral». Esta neurona funciona sumando el valor de las entradas que recibe (las señales procedentes de otras neuronas), cada una de ellas multiplicada por una variable llamada «peso» (véase p. 78), que mide la fuerza de la conexión entre neuronas. Si el resultado rebasa un cierto valor umbral (véase p. 79) establecido por la «función de activación», la neurona se activa y emite una señal de salida.

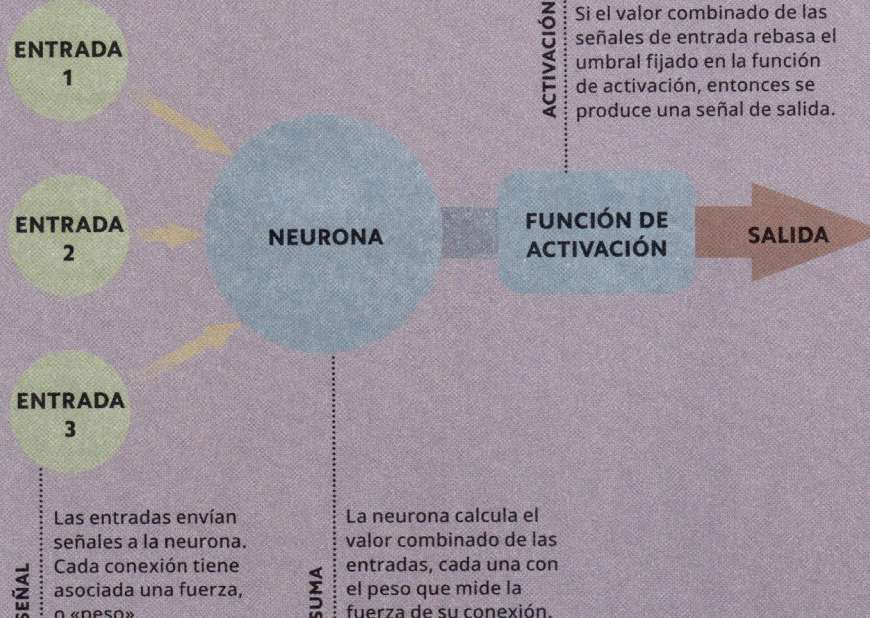

ENTRADA 1

ENTRADA 2

ENTRADA 3

NEURONA

FUNCIÓN DE ACTIVACIÓN

SALIDA

ACTIVACIÓN
Si el valor combinado de las señales de entrada rebasa el umbral fijado en la función de activación, entonces se produce una señal de salida.

SEÑAL
Las entradas envían señales a la neurona. Cada conexión tiene asociada una fuerza, o «peso».

SUMA
La neurona calcula el valor combinado de las entradas, cada una con el peso que mide la fuerza de su conexión.

UNA COMPUTADORA PROGRAMABLE

El Integrador y Computador Numérico Electrónico (ENIAC) fue una máquina computadora electrónica temprana, construida en EEUU entre 1943 y 1946. Constaba de unos 18 000 tubos de vacío (unos componentes electrónicos que se parecen a las bombillas incandescentes) y ocupaba 167 metros cuadrados. Calculaba tablas de alcance de artillería (listas con los ángulos y alturas necesarios para dar en el blanco), y sus resultados salían en forma de tarjetas perforadas. Era capaz de completar en tan solo 20 segundos un cálculo que llevaría horas si tuvieran que efectuarlo personas con calculadoras electromecánicas. ENIAC se programaba cambiando la disposición de los cables que llevaba enchufados, una tarea que ocupaba varios días. Fue la primera máquina computadora capaz de ejecutar distintos programas.

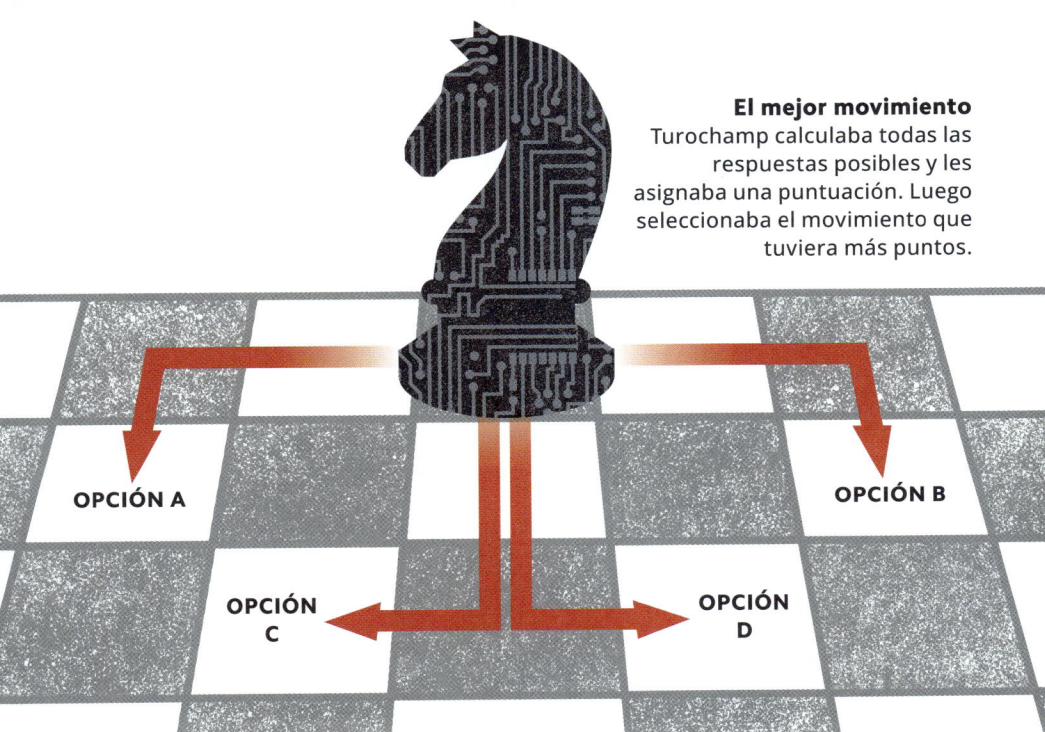

El mejor movimiento
Turochamp calculaba todas las respuestas posibles y les asignaba una puntuación. Luego seleccionaba el movimiento que tuviera más puntos.

OPCIÓN A

OPCIÓN B

OPCIÓN C

OPCIÓN D

UN PROGRAMA TEÓRICO

Alan Turing (véanse pp. 18-19) y el matemático David Champerowne (1912-2000) se propusieron demostrar, en 1948, que, si se dotaba del algoritmo adecuando, una computadora podría jugar al ajedrez. Por entonces no había ninguna computadora electrónica capaz de ejecutar semejante algoritmo, así que el propio Turing asumió el papel de máquina ejecutando por escrito, uno a uno, cada paso del algoritmo, que bautizaron como «Turochamp». El experimento ofreció una prueba más de que las computadoras (humanas o artificiales) eran capaces de ejecutar cálculos complejos sin necesidad de comprender lo que hacían, limitándose a seguir una serie de instrucciones sin más.

PLANOS PARA UNA COMPUTADORA

John von Neumann (1903-1957) fue un científico húngaro y estadounidense que participó en el desarrollo de ENIAC (véase p. 22), la primera computadora programable. Concibió un modelo que estableció cómo se estructuran los componentes principales de una computadora moderna, lo que se conoce como arquitectura de Von Neumann. Empleó una unidad de memoria que contenía tanto los programas (véase p. 16) como los datos (véase p. 32), lo que hacía que la máquina fuera más veloz y fácil de reprogramar. La información contenida en la unidad de memoria se introduce en la CPU, en la que hay una unidad de control que decodifica el programa en instrucciones que después ejecuta una unidad aritmética y lógica empleando los datos para los cálculos y tareas. Los resultados se llevan de nuevo a la unidad de memoria.

INTERFAZ Los dispositivos de entrada, como los teclados y los ratones, permiten introducir datos en la máquina.

DISPOSITIVO DE ENTRADA

Ventajas estructurales
Este diagrama muestra la arquitectura de Von Neumann. El carácter ampliable de las unidades de memoria permite que las máquinas sean más veloces y potentes.

«Cualquier máquina computadora pensada para resolver un problema matemático complejo debe "programarse" para ello».
John von Neumann

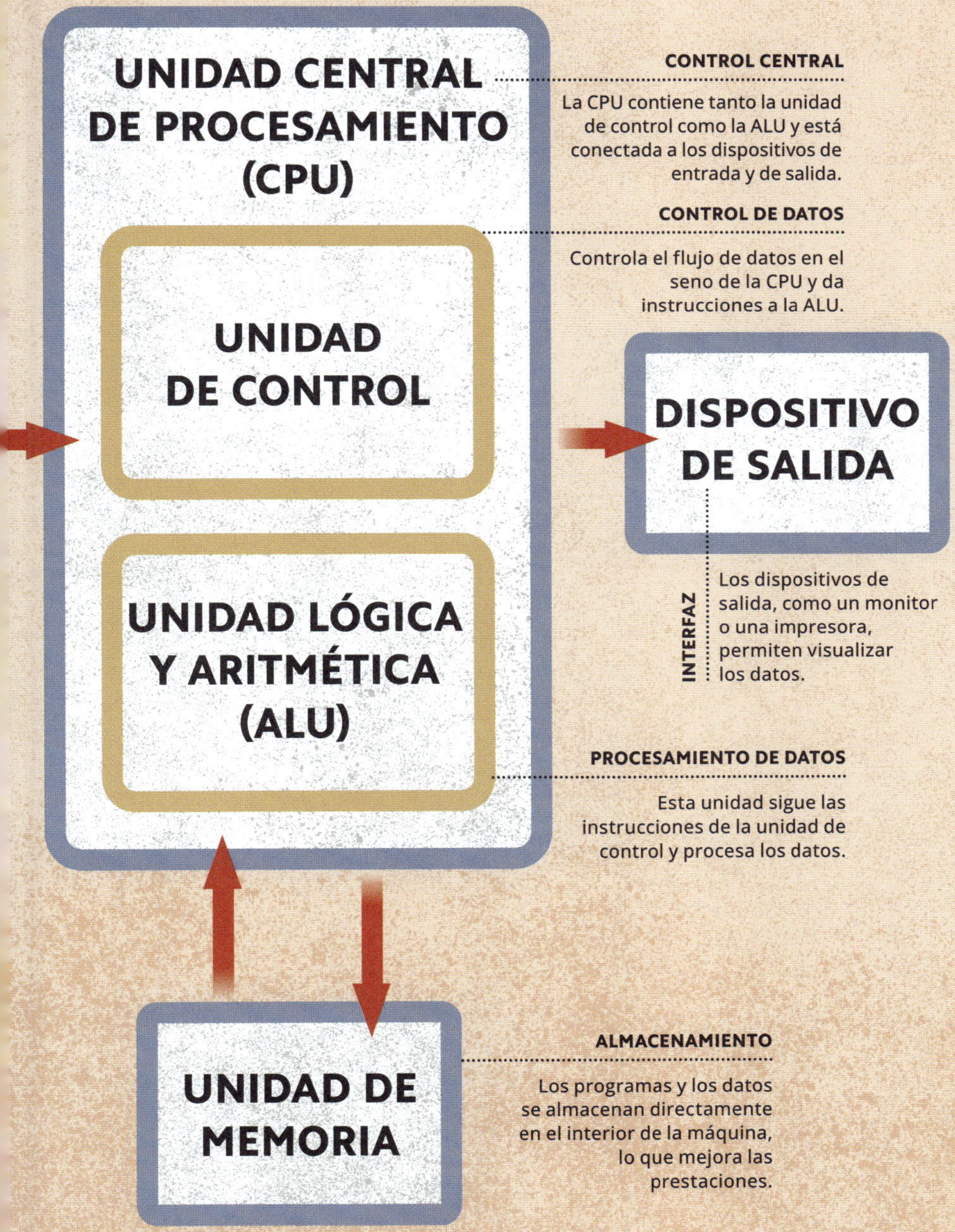

UNIDAD CENTRAL DE PROCESAMIENTO (CPU)

UNIDAD DE CONTROL

UNIDAD LÓGICA Y ARITMÉTICA (ALU)

UNIDAD DE MEMORIA

DISPOSITIVO DE SALIDA

CONTROL CENTRAL

La CPU contiene tanto la unidad de control como la ALU y está conectada a los dispositivos de entrada y de salida.

CONTROL DE DATOS

Controla el flujo de datos en el seno de la CPU y da instrucciones a la ALU.

INTERFAZ

Los dispositivos de salida, como un monitor o una impresora, permiten visualizar los datos.

PROCESAMIENTO DE DATOS

Esta unidad sigue las instrucciones de la unidad de control y procesa los datos.

ALMACENAMIENTO

Los programas y los datos se almacenan directamente en el interior de la máquina, lo que mejora las prestaciones.

DOS TIPOS DE IA

Tenga o no sentido la comparación del cerebro con algún tipo de computadora viva (véase p. 12), la inteligencia y la consciencia humanas siguen siendo los patrones de referencia para medir las prestaciones de la IA. Hay quien sostiene que la IA «débil» (que incluye las computadoras que realizan tareas específicas, como jugar al ajedrez o traducir idiomas) es la única que se podrá llegar a construir. Otras voces defienden que algún día será realidad la IA «fuerte» (una inteligencia equiparable a la humana). Una IA de este tipo no solo tendría habilidades cognitivas similares a las humanas, sino que, según quienes la defienden, estaría dotada de consciencia (véanse pp. 128-129) y, por lo tanto, se le podrían reconocer derechos (véase p. 135).

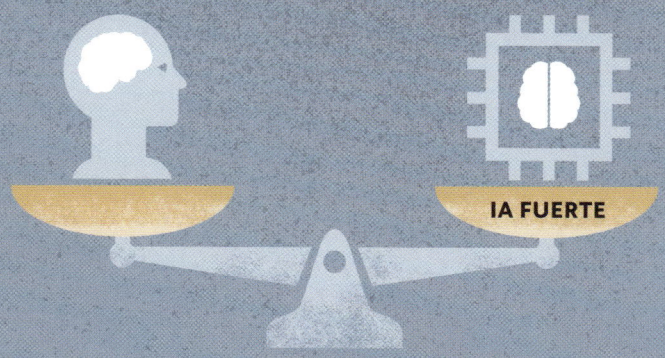

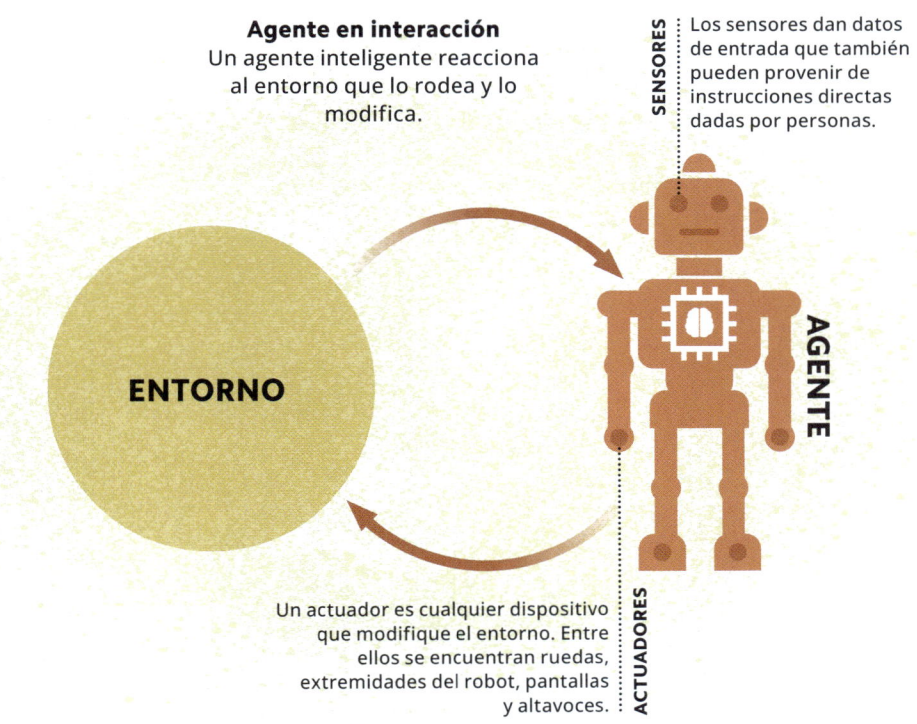

Agente en interacción
Un agente inteligente reacciona al entorno que lo rodea y lo modifica.

SENSORES Los sensores dan datos de entrada que también pueden provenir de instrucciones directas dadas por personas.

ENTORNO

AGENTE

Un actuador es cualquier dispositivo que modifique el entorno. Entre ellos se encuentran ruedas, extremidades del robot, pantallas y altavoces. **ACTUADORES**

IA EN ACCIÓN

En IA, un «agente inteligente» es un sistema capaz de percibir el entorno, responder al mismo y modificarlo. Ese entorno puede ser físico o digital. Entre los ejemplos encontramos robots, termostatos y programas de computadora. El agente tiene «sensores» para percibir el entorno y «actuadores» para interactuar con su alrededor. El agente emprende unas acciones u otras dependiendo de los fines para los que se ha configurado y según lo que perciba. Hay agentes capaces de aprender (véanse pp. 58-59), de manera que pueden modificar sus reacciones ante las condiciones del entorno.

ENSAYO Y ERROR

Hace décadas que existen máquinas capaces de seguir instrucciones simples, como las calculadoras que aplican reglas matemáticas. Pero crear máquinas capaces de «aprender» es mucho más complejo y constituye la base de la IA moderna. Con este fin se utilizan algoritmos (véase p. 14) que se revisan continuamente por ensayo y error para perfeccionar su precisión. Las mejoras se incorporan de manera gradual e incremental, como en la evolución biológica natural. El avance de las IA les permite contribuir a su propio aprendizaje, aunque por el momento siguen necesitando ayuda humana.

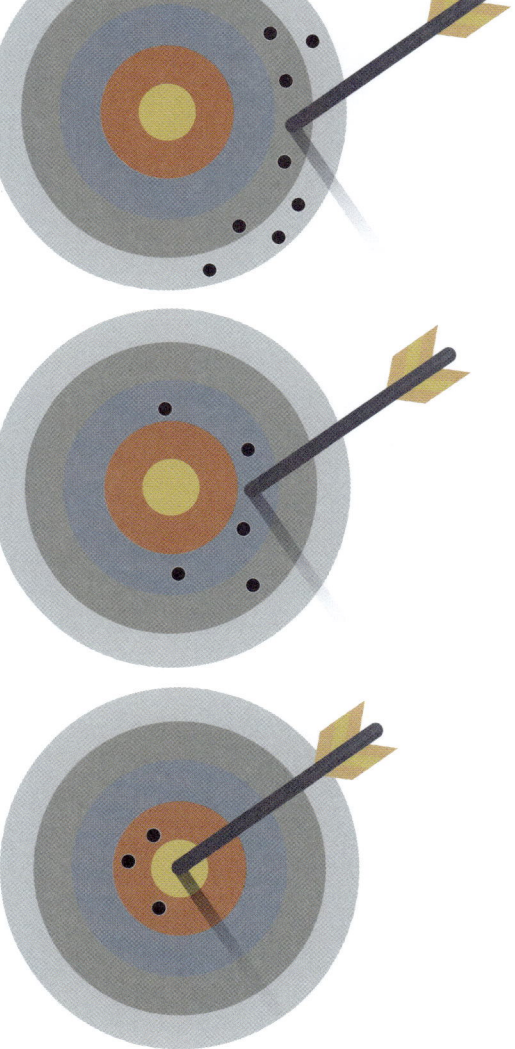

Mejora de la precisión
Enseñar a las máquinas a aprender significa hacerlas más precisas y fiables.

EMULAR EL CEREBRO

El conectivismo constituye un enfoque de la IA en el que la información no viene representada mediante símbolos, sino por medio de patrones de conexión y de actividad en una red. Estos patrones se conocen como «representaciones distribuidas», y los cálculos que se efectúan se denominan «procesos distribuidos paralelos» (PDP). El conectivismo defiende que es posible alcanzar la inteligencia partiendo de unidades de procesamiento simples, como neuronas artificiales (véase p. 21), y conectándolas hasta conformar grandes «redes neuronales artificiales» (ANN, véase p. 76). El modelo conectivista se basa en el modo de funcionamiento del cerebro, que recurre a procesos en paralelo distribuidos por una red de células interconectadas, las neuronas.

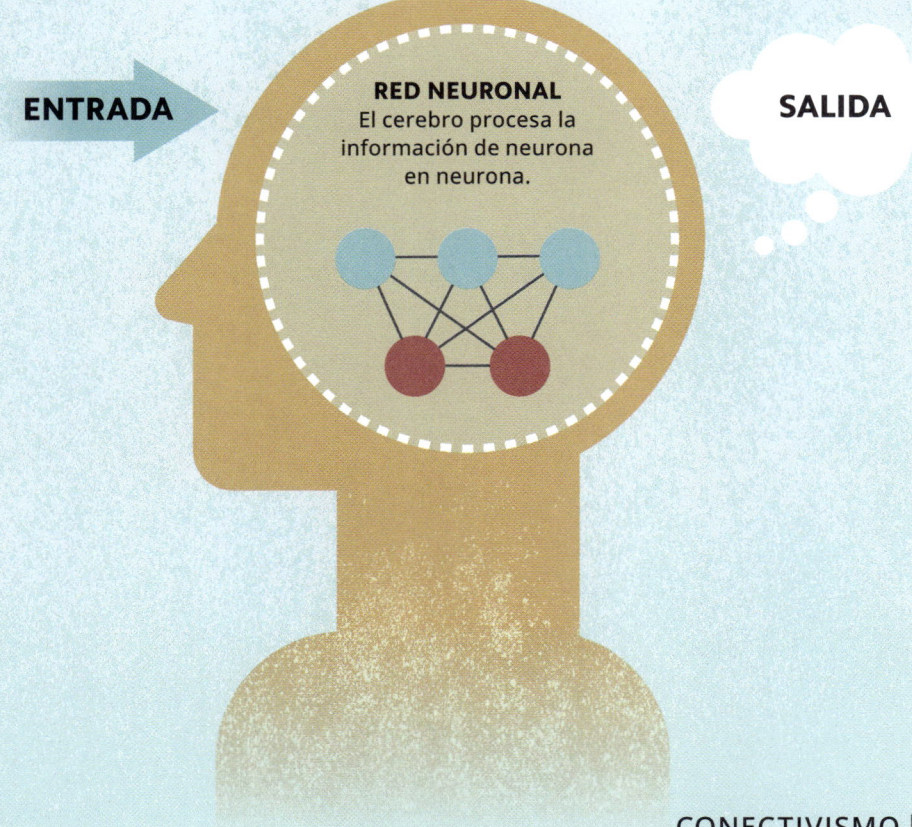

ENTRADA

RED NEURONAL
El cerebro procesa la información de neurona en neurona.

SALIDA

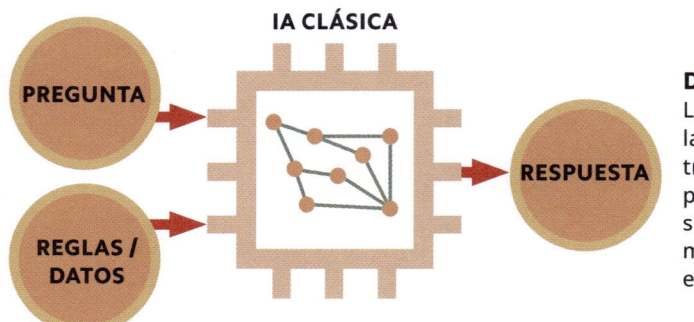

IA CLÁSICA

PREGUNTA

REGLAS / DATOS

RESPUESTA

Deducción
La IA clásica imita la lógica humana al tratar de responder preguntas siguiendo reglas matemáticas estrictas.

MODELOS DE IA

Las primeras formas de IA se conocen ahora como IA clásica (o simbólica). Se construían con una formulación arriba-abajo, en la que primero se plantean las reglas del razonamiento lógico (las del pensamiento humano) que luego se integrarán en los sistemas de IA. Sus prestaciones estaban limitadas por la aplicación rígida de reglas derivadas de la actuación humana y la interpretación que se haga de ellas. En contraste, la IA estadística actual se diseña siguiendo un enfoque abajo-arriba. Se le proporcionan datos en cantidades masivas y herramientas de aprendizaje de máquinas (véanse pp. 58-59) que le permiten hallar patrones en los datos. A partir de esos patrones es capaz de construir modelos que describen cómo funcionan sistemas particulares en condiciones concretas.

IA ESTADÍSTICA

MEDIOS PARA APRENDER

DATOS

MODELO

Modelado
La IA estadística utiliza herramientas de aprendizaje de máquinas para construir modelos sobre el funcionamiento de los sistemas.

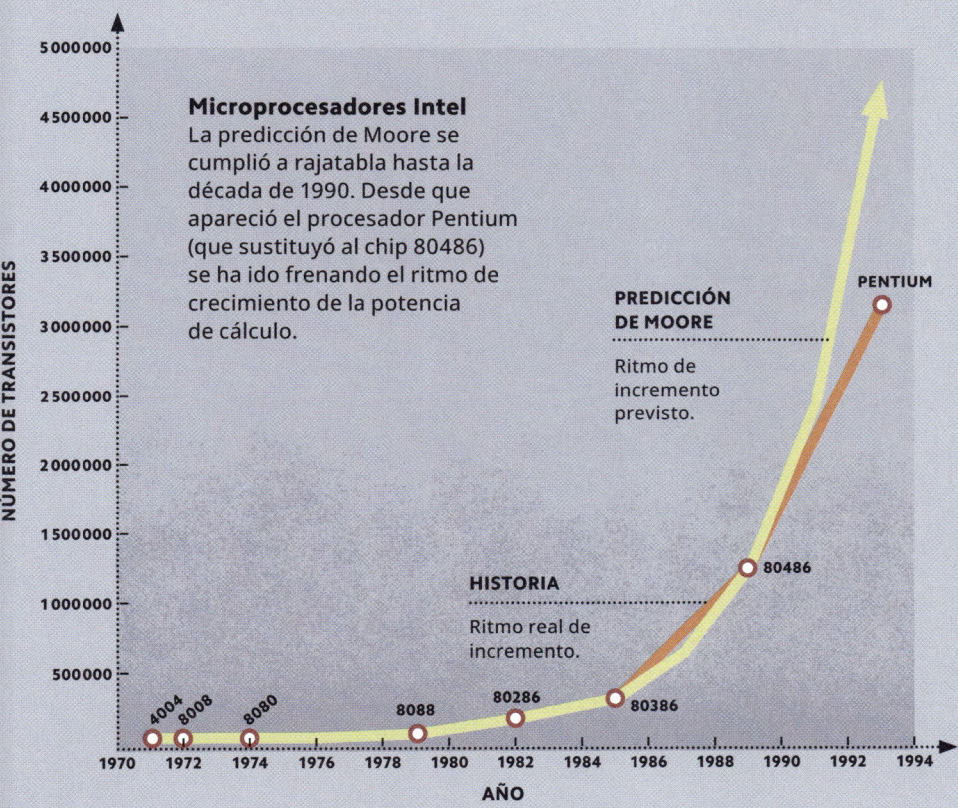

Microprocesadores Intel
La predicción de Moore se cumplió a rajatabla hasta la década de 1990. Desde que apareció el procesador Pentium (que sustituyó al chip 80486) se ha ido frenando el ritmo de crecimiento de la potencia de cálculo.

PREDICCIÓN DE MOORE

Ritmo de incremento previsto.

HISTORIA

Ritmo real de incremento.

PENTIUM

80486

80386

4004 8008 8080 8088 80286

NÚMERO DE TRANSISTORES

5 000 000
4 500 000
4 000 000
3 500 000
3 000 000
2 500 000
2 000 000
1 500 000
1 000 000
500 000

1970 1972 1974 1976 1978 1980 1982 1984 1986 1988 1990 1992 1994

AÑO

POTENCIA DE CÁLCULO

La ley de Moore debe su nombre a Gordon Moore (1929-2023), cofundador de la empresa fabricante de chips para circuitos integrados Intel. Moore predijo en 1965 que el número de transistores contenidos en un chip informático se duplicaría cada dos años. Los avances tecnológicos, en especial la miniaturización, permitieron cumplir esta ley durante décadas. Desde entonces, el ritmo de crecimiento se ha reducido, pero la potencia de cálculo se sigue incrementando cada año. Esto significa que, en un futuro previsible, las IA llegarán a tener la misma potencia de cálculo que el cerebro humano, si el computacionismo está en lo cierto (véase p. 12).

INFORMACIÓN EN BRUTO

Los datos son información en muchas formas posibles, como números, palabras o imágenes. En informática, los datos son sucesiones de símbolos que se recolectan y se procesan mediante una computadora de acuerdo con el modo en que esta ha sido programada. Las computadoras modernas procesan los datos en formato digital, mediante los símbolos 1 y 0 del código binario (véase p. 13). Los datos pueden ser «estáticos» (almacenados físicamente en un banco de datos), «en tránsito» (cuando están en uso para una tarea finita) o «en uso» (actualizados de manera permanente). Los datos se clasifican dependiendo de si pueden medirse o no y del modo en que se hace.

TIPOS DE DATOS

CUALITATIVOS

Datos no numéricos (palabras, imágenes, registros de sonido). No se pueden medir y deben ser interpretados.

CUANTITATIVOS

Datos numéricos que se pueden contar y analizar con la estadística. Se pueden medir y son objetivos.

NOMINALES

No se pueden organizar en una jerarquía ordenada como, por ejemplo, el género o la nacionalidad.

ORDINALES

Se pueden organizar en una jerarquía ordenada como, por ejemplo, los niveles formativos o la intensidad del dolor.

DISCRETOS

Se cuentan en unidades específicas y mediante números enteros, como la cantidad de trabajadores en una empresa.

CONTINUOS

Puede ser cualquier unidad de medida y tener un valor en un rango (números decimales), como la estatura de las personas.

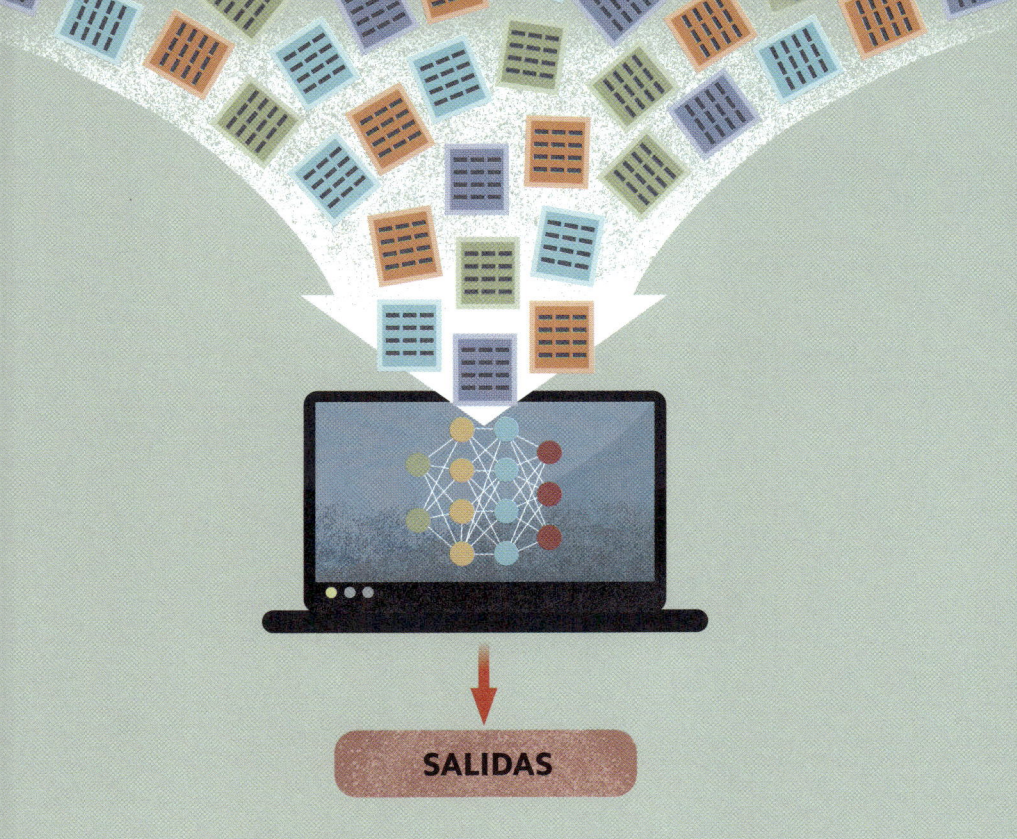

SALIDAS

TODO A LA VEZ
EN TODAS PARTES

«Big data» es una expresión que describe conjuntos de datos demasiado grandes como para procesar con programas tradicionales. Tales conjuntos de datos incluyen cantidades masivas de información sobre personas, su comportamiento y sus interacciones. Por ejemplo, las empresas de telefonía móvil utilizan los terminales de sus clientes para seguir sus movimientos cada segundo, todos los días, y almacenan esta información en bancos de datos enormes. En IA se usan para entrenar modelos de aprendizaje de máquinas (véanse pp. 58-59), para emitir predicciones meteorológicas, pronosticar comportamientos de compra (véanse pp. 70-71) o dar protección frente a ciberataques (véase p. 97).

INTELIG
ARTIFIC
CLÁSIC

ENCIA
IAL
A

Entre las décadas de 1950 y 1990, el paradigma dominante en la investigación sobre IA era el clásico (también llamado «simbólico» o «lógico»). Este enfoque se basaba en el razonamiento lógico con símbolos y reglas (programadas por seres humanos) para representar conceptos y sus relaciones. La IA clásica logró muchos éxitos, incluidos los sistemas capaces de participar en juegos, mantener conversaciones básicas o responder preguntas por medio de «sistemas expertos». Aunque desde entonces la IA estadística ha superado a la clásica, el planteamiento antiguo no se ha abandonado del todo y muchas de sus técnicas se han aplicado a las IA modernas, como el procesamiento del lenguaje natural o la robótica.

REPRESENTACIÓN DE DATOS

En IA, un «símbolo» es una representación gráfica de un objeto o un concepto del mundo real. Un tipo sencillo de símbolo sería una imagen. Un símbolo puede ser también un conjunto de otros símbolos, como las letras que conforman el nombre de un objeto. Los símbolos encarnan en IA clásica la suma total de los hechos relevantes y de la información necesaria para que el sistema comprenda qué es algo. Para lograr esto, los datos se etiquetan (véanse pp. 62-63) y se vinculan a un símbolo. El símbolo de una manzana incorporaría todo un conjunto de datos que especifican qué es, y qué no es, una manzana.

SEGUIR LAS REGLAS

La lógica es el estudio del razonamiento profundo y de las reglas que determinan qué argumentos son válidos. En la práctica, la lógica permite a las personas formular afirmaciones acerca del mundo (llamadas premisas) y deducir información a partir de ellas (en forma de conclusiones). La IA se programa para seguir reglas lógicas estrictas, con el objetivo de producir conclusiones fiables. Una de esas reglas es el silogismo, que afirma lo siguiente: «Si todos los *A* son *B* y todos los *B* son *C*, entonces todos los *A* son *C*». Este principio tan simple permite a la IA saber que todos los elementos de una clase particular exhibirán siempre una característica particular.

Lógica de silogismos
Una IA que entienda que la fruta es saludable
y que la manzana es una fruta sabrá también
que las manzanas son saludables.

PREMISA 1:
LAS MANZANAS SON FRUTA

CONCLUSIÓN
LAS MANZANAS
SON SALUDABLES

PREMISA 2:
LA FRUTA ES SALUDABLE

¿QUÉ, CUÁNDO, POR QUÉ Y CÓMO?

Los sistemas de IA utilizan hasta cinco tipos de conocimiento en sus interacciones con el mundo, pero solo dos de ellos están en todas las IA. El conocimiento declarativo es la variante más básica y describe afirmaciones sobre hechos como, por ejemplo, «los gatos son mamíferos». El conocimiento procedimental indica a la IA cómo completar tareas específicas. Otros sistemas de IA incorporan metaconocimiento, conocimiento heurístico (véase p. 43) o conocimiento estructural, que aportan información adicional para resolver problemas.

Declarativo
Hechos básicos que la IA necesita para funcionar.

Procedimental
Reglas e instrucciones necesarias para realizar una tarea.

Estructural
Conocimiento que explica cómo se relacionan unas cosas con otras.

Metaconocimiento
Información que describe el conocimiento que está usando la IA.

Heurístico
Trucos útiles, basados en la experiencia humana, que ayudan a la IA en su trabajo.

PRESENTACIÓN DEL CONOCIMIENTO

Para que una IA comprenda bien la información hay que presentársela con mucha claridad. Hay cuatro maneras principales de hacer esto. La «representación lógica» plantea la información por medio de las palabras exactas del lenguaje natural (o símbolos que las representan). La «representación semántica» garantiza que los significados individuales contenidos en la información estén conectados de una manera que respete la lógica formal. La «representación en marcos» recopila los datos de forma tabular, con los hechos ubicados en casillas específicas individuales. Finalmente, las «reglas de producción» son las instrucciones que indican qué conclusiones puede deducir la IA a partir de la información que se le suministra (véase p. 37).

Representación lógica

La información se expresa de manera clara, lógica y sin ambigüedades.

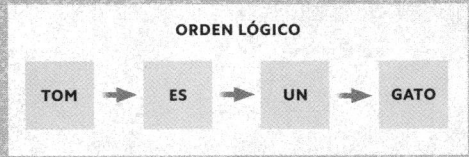

Representación semántica

Las relaciones y conexiones entre hechos se expresan con claridad.

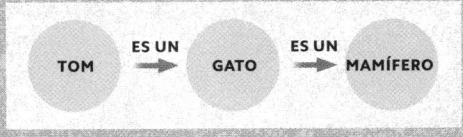

Representación en marcos

La información se presenta en forma de tablas simples. En este caso, los huecos contienen detalles sobre el gato Tom.

GRUPO	MAMÍFERO
GÉNERO	GATO
NOMBRE	TOM

Reglas de producción

Cuando una sentencia «SI» es verdadera, se deduce una sentencia «ENTONCES».

SI	ENTONCES
TOM ES UN GATO	TOM ES UN MAMÍFERO

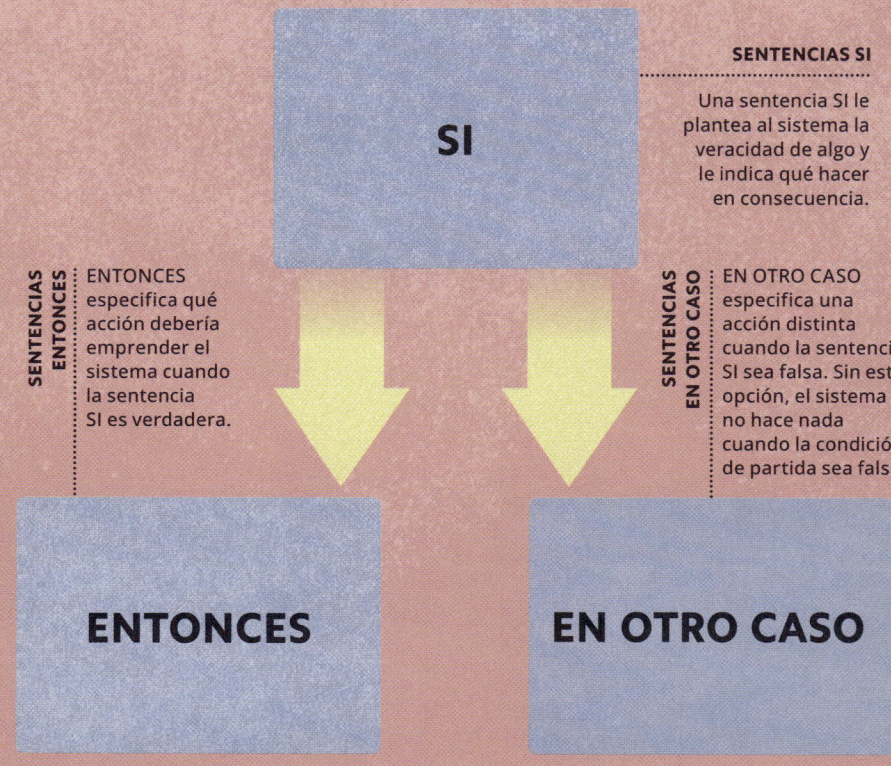

SENTENCIAS SI

Una sentencia SI le plantea al sistema la veracidad de algo y le indica qué hacer en consecuencia.

SENTENCIAS ENTONCES

ENTONCES especifica qué acción debería emprender el sistema cuando la sentencia SI es verdadera.

SENTENCIAS EN OTRO CASO

EN OTRO CASO especifica una acción distinta cuando la sentencia SI sea falsa. Sin esta opción, el sistema no hace nada cuando la condición de partida sea falsa.

SI

ENTONCES

EN OTRO CASO

SI ESTO, ENTONCES LO OTRO

Un sistema de IA basado en reglas emplea instrucciones que consisten en sentencias de tipo «SI... ENTONCES» para extraer conclusiones a partir de unos hechos. En su forma más simple, una sentencia SI-ENTONCES le dice al sistema: «Si esta condición es cierta para los hechos considerados, entonces haz tal cosa; si es falsa, entonces no hagas nada». Se puede añadir una opción «EN OTRO CASO» para conformar sentencias más complejas: «Si esto es cierto, entonces haz tal cosa; en otro caso, haz esto otro». Los sistemas de IA basados en reglas son predecibles, fiables y «transparentes»; en ellos es fácil comprobar qué reglas ha aplicado la IA. Sin embargo, estos sistemas no pueden «aprender» añadiendo cosas a su conjunto de reglas y hechos sin intervención humana.

SI

ENCONTRAR LA RESPUESTA

Es posible aplicar a los hechos más de una regla SI para obtener la respuesta final.

ENTONCES

EN OTRO CASO

EL CAMINO MÁS CORTO

Los algoritmos de búsqueda de rutas son los que se emplean para hallar el camino más corto entre dos puntos. Tienen muchas aplicaciones, como la navegación con vehículos o los juegos de ordenador. El algoritmo se programa mediante un grafo con pesos (véase más abajo) que incluye todos los caminos alternativos viables. Los círculos, o «nodos», representan los cruces, lugares especiales unidos por líneas que se conocen como «aristas». El programa añade un peso (véase p. 78) a cada arista, que representa un «coste», sea en términos de distancia o de tiempo. El algoritmo calcula el valor de los pesos y calcula el camino más corto.

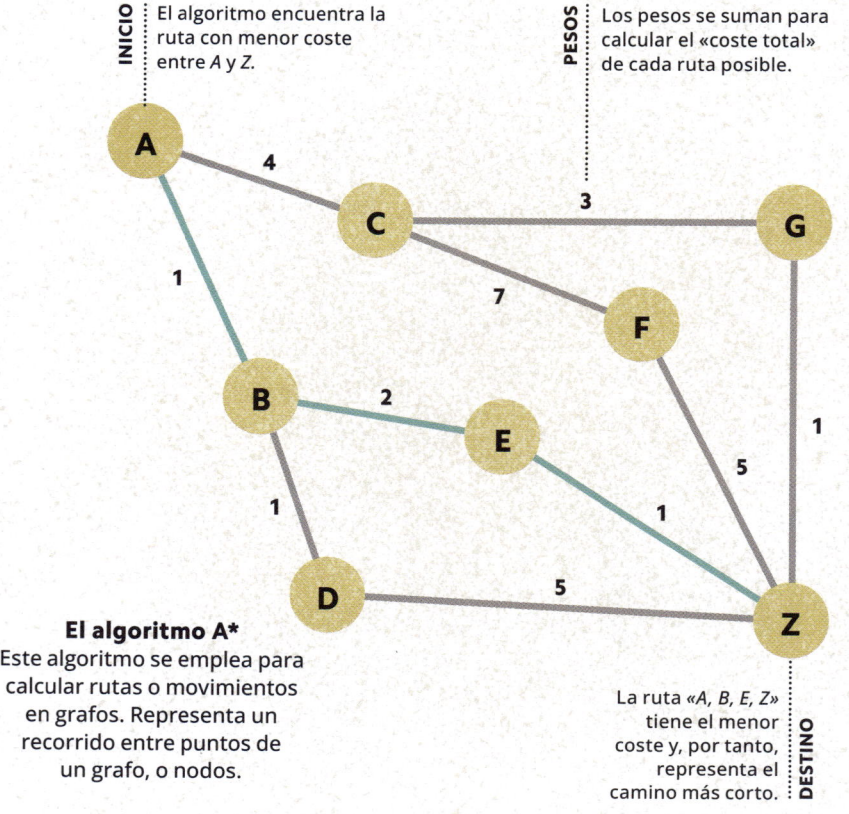

INICIO El algoritmo encuentra la ruta con menor coste entre *A* y *Z*.

PESOS Los pesos se suman para calcular el «coste total» de cada ruta posible.

El algoritmo A*
Este algoritmo se emplea para calcular rutas o movimientos en grafos. Representa un recorrido entre puntos de un grafo, o nodos.

La ruta «*A, B, E, Z*» tiene el menor coste y, por tanto, representa el camino más corto.

DESTINO

SOLUCIONES IMPERFECTAS

Hay problemas que son demasiado complejos para que un algoritmo los resuelva en un tiempo razonable. En esos casos se puede intentar que una IA recurra a una estrategia de «fuerza bruta», lo que implica valorar todas las soluciones posibles de manera metódica. Esta aproximación es lenta y, a menudo, impracticable. Hay una alternativa más eficiente, llamada «heurística», que consiste en aplicar el sentido común buscando una solución aproximada basada en una elección «lo mejor posible» en cada punto de decisión, a partir de la información disponible.

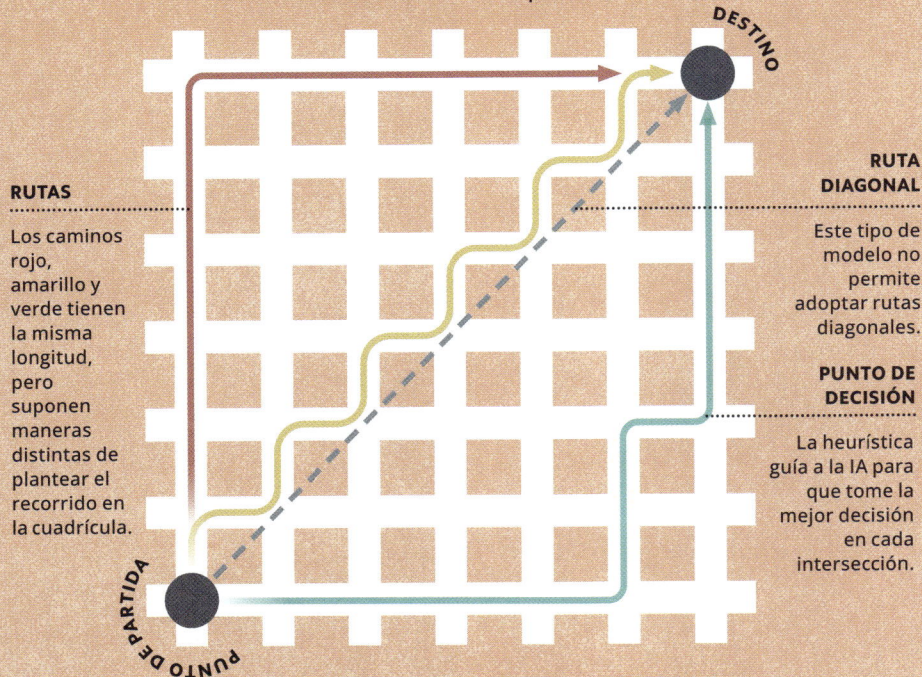

RUTAS

Los caminos rojo, amarillo y verde tienen la misma longitud, pero suponen maneras distintas de plantear el recorrido en la cuadrícula.

DESTINO

PUNTO DE PARTIDA

RUTA DIAGONAL

Este tipo de modelo no permite adoptar rutas diagonales.

PUNTO DE DECISIÓN

La heurística guía a la IA para que tome la mejor decisión en cada intersección.

La distancia de Manhattan

Los mapas heurísticos que incorporan la distancia de Manhattan calculan rutas entre cuadrados donde caben desplazamientos verticales u horizontales. Se puede usar para representar un recorrido por una ciudad con una red viaria de cuadrícula, como sucede en Manhattan, Nueva York.

COMPLETAR UNA TAREA

Las inteligencias artificiales encarnadas (véase p. 118), como los robots, emplean una técnica denominada «planificación» para ayudarse en la resolución de problemas prácticos. La planificación implica comprender el entorno o el sitio en el que hay que ejecutar la tarea, así como planear sobre el terreno las acciones que se requieren para completarla. La IA debe identificar cada uno de los pasos necesarios para completar la tarea y el orden óptimo (con menor coste) en el que efectuarlos (véase p. 42). Si la secuencia óptima no fuera viable, por la razón que sea, entonces la IA debe ser capaz de decidir cuál es la mejor alternativa siguiente (véase p. 43). La IA también debe ser capaz de identificar y de evitar las acciones que podrían impedirle completar la tarea.

Planificación anticipada
Para completar la tarea, el robot la fragmenta en una sucesión de pasos.

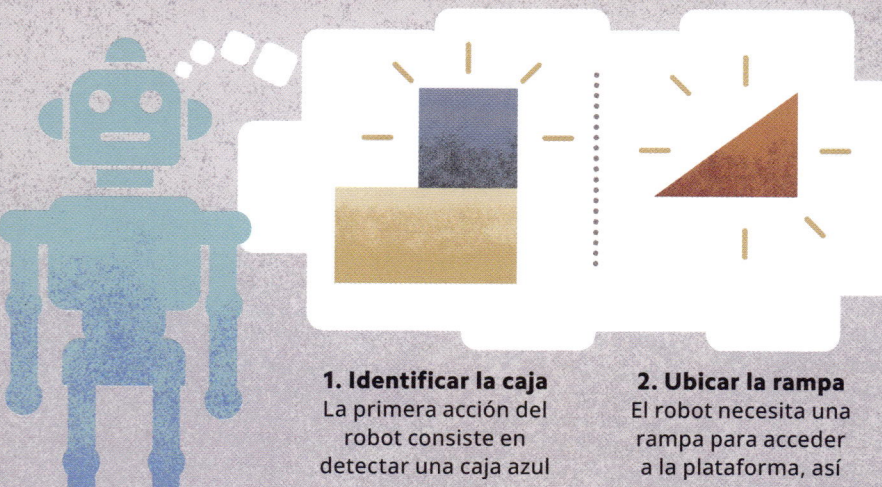

1. Identificar la caja
La primera acción del robot consiste en detectar una caja azul en su entorno.

2. Ubicar la rampa
El robot necesita una rampa para acceder a la plataforma, así que tiene que localizar una.

EL ENTORNO
El robot tiene que subir a una plataforma para alcanzar una caja azul.

La tarea
El objetivo del robot es dejar caer la caja azul por el borde de la plataforma.

3. Empujar la rampa
La rampa debe estar pegada a la plataforma, así que el robot debe colocarla en el sitio adecuado.

4. Subir por la rampa
Ahora el robot puede usar la rampa para subir hasta la plataforma donde se encuentra la caja azul.

5. Tirar la caja
Una vez situado sobre la plataforma, el robot empuja la caja para tirarla por el borde. Tarea completada.

Teorema de Bayes
La probabilidad de que se produzca un suceso (como que el humo acompañe a un incendio peligroso) depende de sucesos anteriores que incluyen conocer la frecuencia con la que hay humo o con la que se producen incendios.

FUEGO CON HUMO

Probabilidad de que se dé el suceso *A* sabiendo que el suceso *B* se ha producido. Por ejemplo, la probabilidad de que un fuego sea peligroso si se sabe que hay humo.

$$P(A\,|\,B) =$$

MANEJO DE LA INCERTIDUMBRE

La mayoría de las IA clásicas se basan en el concepto de que cualquier sentencia lógica (véase p. 37) tiene que ser o verdadera o falsa, sin margen de incertidumbre. Sin embargo, la incertidumbre es un rasgo inevitable de la vida y se puede incorporar a la IA mediante el concepto de probabilidad. La probabilidad es un valor numérico que indica qué posibilidades hay de que ocurra algo. Se llama «razonamiento probabilístico» a la argumentación que tiene en cuenta las probabilidades. El estadístico inglés Thomas Bayes (1702-1761) desarrolló un método, que ahora se conoce como teorema de Bayes, para calcular la verosimilitud de un suceso. Más que trabajar con la probabilidad aislada del suceso, el teorema de Bayes se basa en la probabilidad a partir del conocimiento previo de las circunstancias relevantes.

Probabilidad de que se produzca el suceso *B* sabiendo que el suceso *A* se ha producido. Por ejemplo, la probabilidad de que haya un incendio peligroso si hay humo.

Probabilidad de que se produzca el suceso *A*. Por ejemplo, la frecuencia con la que se producen incendios peligrosos.

$$\frac{P(B|A)\, P(A)}{P(B)}$$

HUMO
Probabilidad del suceso *B*. Por ejemplo, la frecuencia con la que hay humo.

«La teoría de la probabilidad no es más que sentido común transformado en cálculo».
Pierre-Simon Laplace

MODELAR EL CAMBIO

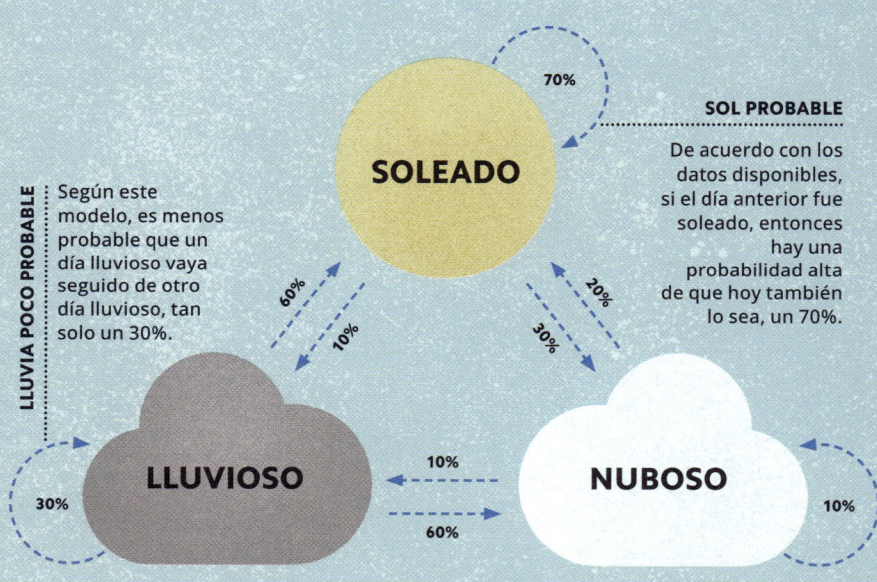

SOLEADO — 70%

SOL PROBABLE

De acuerdo con los datos disponibles, si el día anterior fue soleado, entonces hay una probabilidad alta de que hoy también lo sea, un 70%.

LLUVIA POCO PROBABLE

Según este modelo, es menos probable que un día lluvioso vaya seguido de otro día lluvioso, tan solo un 30%.

60% · 10% · 20% · 30%

LLUVIOSO — 30%

10% · 60%

NUBOSO — 10%

Una cadena de Márkov es un modelo que describe una serie de sucesos posibles en los que la probabilidad de cada uno de ellos depende del estado registrado en el evento anterior. El modelo predice el resultado a partir de las reglas de la probabilidad (véanse pp. 46-47) y recurre a datos acumulados relacionados con el asunto en cuestión. El sistema, una vez entrenado (véase p. 61) necesita conocer tan solo las condiciones que había en el pasado inmediato (el estado previo) para predecir la verosimilitud del estado siguiente. Las cadenas de Márkov tienen muchas aplicaciones en IA, desde el pronóstico de patrones meteorológicos y la situación de los mercados financieros hasta su empleo en sistemas de texto predictivo.

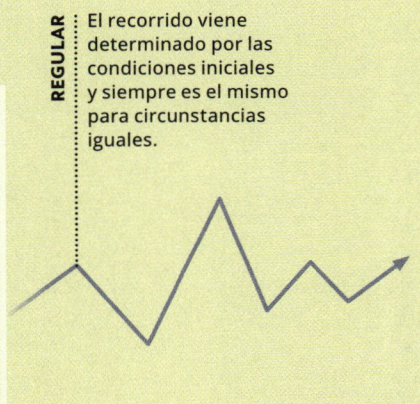

REGULAR

El recorrido viene determinado por las condiciones iniciales y siempre es el mismo para circunstancias iguales.

IRREGULAR

El recorrido viene determinado por las condiciones iniciales y la probabilidad, de manera que caben variaciones.

Modelos deterministas

En los modelos deterministas no hay variables aleatorias. El resultado que se deduce a partir de un conjunto de entradas siempre está relacionado con ellas de una manera predecible.

Modelos estocásticos

Los modelos estocásticos incorporan variables aleatorias. Los resultados son mucho menos predecibles y no hay una relación clara entre unos y otros.

MODELAR LA INCERTIDUMBRE

Los modelos estocásticos permiten a las IA emitir predicciones acerca de procesos y situaciones afectados por sucesos azarosos, como cambios en el mercado de valores o la tasa de crecimiento de bacterias. Los factores volátiles y en cambio permanente que hay implicados en estos procesos se representan mediante variables aleatorias a las que se asignan valores de acuerdo con sus probabilidades respectivas de ocurrencia. A continuación, un modelo estocástico procesa miles de combinaciones de esas variables y genera una curva de distribución que muestra la probabilidad de los distintos resultados posibles en diferentes circunstancias.

ASESORÍA AUTOMÁTICA

Se conocen como «sistemas expertos», los programas informáticos que replican el conocimiento y el modo de razonar de seres humanos especializados en algún campo. La información que contienen procede de personas expertas, y el procedimiento para integrarla en el programa se conoce como «ingeniería del conocimiento», un campo que también requiere seres humanos con formación especializada. Cada sistema experto consta de tres partes. El «banco de conocimiento» contiene los hechos y las reglas que utilizan especialistas humanos en el tema. El «motor de inferencia» aplica las reglas a los hechos que hay en el banco de conocimiento para deducir las respuestas a las consultas planteadas. La «interfaz de uso» recoge las consultas y expone las soluciones del sistema. Los sistemas expertos son capaces de responder preguntas complejas y proporcionan un acceso muy amplio a un asesoramiento cualificado. Se utilizan en áreas como la medicina, donde se encargan de enlazar los síntomas con sus causas más probables y los tratamientos adecuados.

FASE DE CONSTRUCCIÓN

Personas expertas
Seres humanos cualificados proporcionan el conocimiento y las reglas que se integran en el sistema.

Ingeniería del conocimiento
Especialistas en ingeniería del conocimiento programan el sistema experto.

Uso
El uso consiste en plantear una pregunta y obtener una respuesta a través de la interfaz.

FASE DE OPERACIÓN

PREGUNTA

RESPUESTA

Motor de inferencia
Aplica las reglas a los hechos que constan en el banco de conocimiento y establece correspondencias entre la pregunta planteada y sus posibles respuestas.

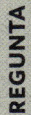

Interfaz de uso
Es el programa con el que interactúa el ser humano que recurre al sistema experto. Por ejemplo, la persona describe los síntomas y recibe un diagnóstico.

Banco de conocimiento
Es una colección organizada de hechos relacionados con un tema particular como, por ejemplo, la medicina.

En acción
Las tres partes del sistema experto interactúan para dar respuestas a la pregunta planteada.

MANEJO DE DATOS «CONFUSOS»

Las IA clásicas (véase p. 30) encuentran difíciles algunas tareas que los seres humanos consideramos sencillas. Es posible programar computadoras para que ejecuten tareas basadas en el razonamiento, como jugar al ajedrez, pero cuesta mucho más que realicen tareas de carácter sensomotriz o perceptivo, como atrapar una pelota al vuelo o reconocer un gato.

El programador austrocanadiense Hans Moravec (1948-) sostuvo que es fácil explicar a una computadora una tarea de razonamiento porque los seres humanos hemos resuelto ya todos los pasos que se requieren para ello. En cambio, las actividades sensomotrices y perceptivas guardan relación con datos no estructurados o «confusos» que requieren muchísimo procesamiento. Los seres humanos realizamos esas tareas de manera en gran medida inconsciente, mediante procedimientos refinados a lo largo de millones de años de evolución del cerebro y que son complicados de dividir en una serie de pasos que pueda seguir una computadora.

SOLUCIÓN

Una IA puede ejecutar con facilidad tareas de razonamiento como las implicadas en la resolución de un rompecabezas y que a los seres humanos nos costarían un gran esfuerzo.

Un ser humano puede manipular con facilidad un objeto físico, pero esto supone un desafío complejo para una IA, sobre todo si es del tipo clásico.

LIMPIO *VERSUS*

El teórico de la IA Roger Schank (1946-) comentó, en la década de 1970, que había investigaciones de dos tipos dentro de este campo que él denominó «limpias» y «desaliñadas» (véase p. siguiente). El enfoque limpio se ha impuesto desde entonces y consiste en construir inteligencia artificial programando las computadoras para que sigan reglas matemáticas estrictas. Estas reglas permiten que la IA distinga entre diferentes tipos de datos, así como analizarlos mediante algoritmos de aprendizaje de máquinas (véanse pp. 58-59). Las redes neuronales artificiales (véase p. 76), por ejemplo, constituyen un gran triunfo del enfoque limpio.

IA limpia

Se argumenta, en defensa de la IA limpia, que da lugar a máquinas capaces de efectuar tareas específicas con fiabilidad total. También se afirma que será la IA limpia la que termine por alcanzar una inteligencia semejante a la humana.

PREDECIBLE

Los diseños limpios se inspiran en la física y conducen a sistemas de IA con un comportamiento predecible.

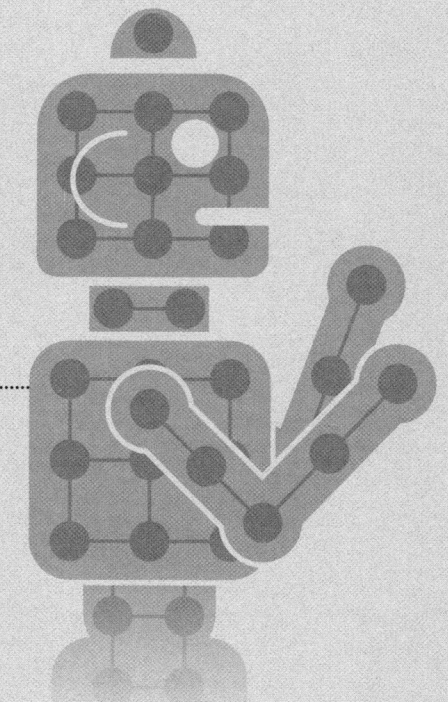

DESALIÑADO

Roger Schank (véase p. anterior) definió el enfoque «desaliñado» de la IA como el método en el que se experimenta con todos los tipos de modelos y algoritmos para diseñar programas que exhiban inteligencia. Marvin Minsky (1927-2016) describió esta línea de trabajo como «analógica», más que lógica, porque acepta la idea de que la IA, como el ser humano, debería ser capaz de reconocer que algunos problemas son análogos (o comparables) a otros problemas o, dicho de otro modo, la IA debería poseer un cierto tipo de sentido común.

IA desaliñada

En defensa del enfoque desaliñado se suele decir que es más probable que la IA de este tipo se aproxime a la inteligencia humana porque esta última, consiste en algo más que limitarse a seguir reglas.

MENOS PREDECIBLE

La IA desaliñada se inspira en la biología y produce sistemas menos predecibles que el enfoque limpio.

INTELIG
ARTIFIC
ESTADÍ

ENCIA
IAL
STICA

En la década de 1990 se generó frustración ante las limitaciones de la inteligencia artificial clásica, centrada en la lógica y el razonamiento deductivo, lo que condujo al desarrollo de técnicas estadísticas. Surgió así la inteligencia artificial estadística, que sigue dominando el escenario en la actualidad, y que gira en torno a una técnica llamada «aprendizaje de máquinas», que usa conjuntos de datos para entrenar modelos de IA (como los que emulan el cerebro humano, conocidos como «redes neuronales artificiales») para que realicen tareas sin necesidad de un trabajo de ingeniería que los programe para ello. Este modo de trabajo está en plena efervescencia en la actualidad, gracias a la disponibilidad de potentes computadoras y de grandes bancos de datos.

INTELIGENCIA ARTIFICIAL

Es la ciencia de desarrollar máquinas que actúen y adopten decisiones de manera «inteligente».

APRENDIZAJE DE MÁQUINAS

El aprendizaje de máquinas se centra en entrenar computadoras para que realicen tareas sin necesidad de programarlas expresamente para ello.

APRENDIZAJE PROFUNDO

El aprendizaje profundo es el tipo más sofisticado de aprendizaje de máquinas. Requiere una intervención humana mínima y recurre a modelos informáticos conocidos como «redes neuronales artificiales», que se inspiran en el cerebro humano.

«**Predecir el futuro
no es magia, es
inteligencia artificial**».
Dave Waters

ENSEÑAR A LAS IA
A PENSAR

El aprendizaje de máquinas es una forma de IA que hace
posible que los sistemas informáticos aprendan a
realizar tareas sin que haya que programarlos
expresamente para ello. Es posible programar
computadoras con algoritmos que les indiquen
exactamente qué pasos deben seguirse para completar
tareas sencillas. Sin embargo, para labores más
complejas, como reconocer rostros o comprender
conversaciones orales, resulta increíblemente difícil
programar los algoritmos necesarios. Y ahí es donde
entra en escena el aprendizaje de máquinas. Los
algoritmos de aprendizaje de máquinas emplean
conjuntos de datos de muestra, llamados datos de
entrenamiento (véase p. 61), para construir modelos que
formulan predicciones o toman decisiones cuando se
aplican a datos nuevos. Hay muchos tipos de aprendizaje
de máquinas, entre los que se encuentra el aprendizaje
profundo (véase p. 86), en el que la IA imita la estructura
y el comportamiento de los cerebros biológicos por
medio de redes neuronales artificiales (véase p. 76).

EXTRAER CONOCIMIENTO DE LOS DATOS

La minería de datos consiste en descubrir patrones de información en grandes bancos de datos para lograr que los datos sean útiles en tareas específicas. Por ejemplo, un programa de minería de datos puede explorar los historiales clínicos de miles de personas para identificar cuáles de ellas están diagnosticadas como diabéticas y podría informarlas acerca de nuevos tratamientos disponibles. Es una disciplina muy amplia que usa cada vez más técnicas de IA para procesar volúmenes de datos demasiado grandes para que los manejen seres humanos. Las dos técnicas clave que se utilizan son el «análisis de cúmulos» (véase p. 68) y la «detección de anomalías» (véase p. 69).

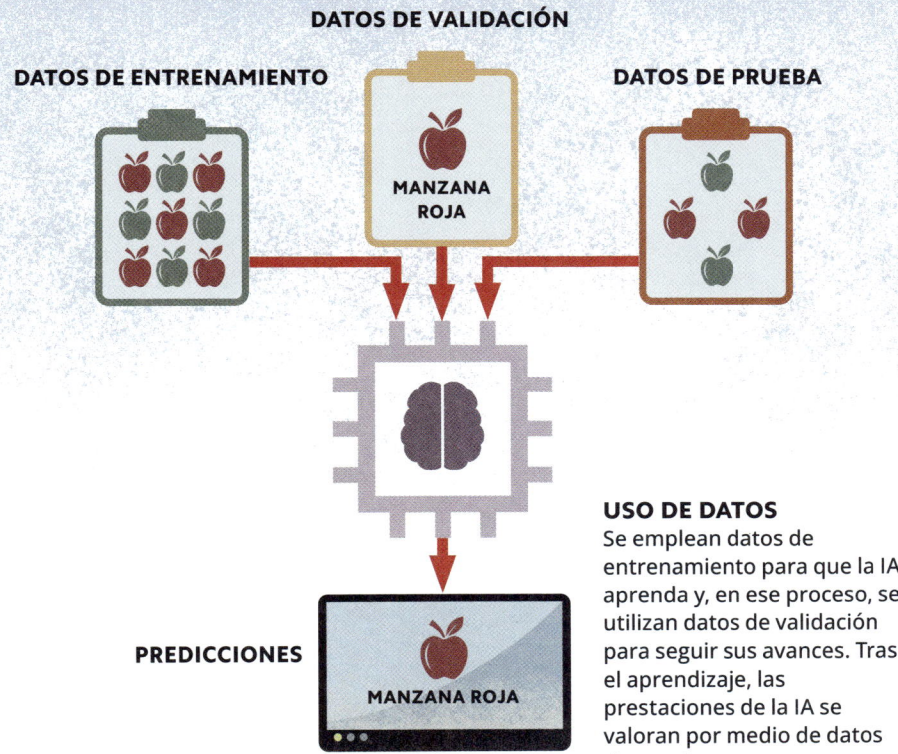

DATOS DE VALIDACIÓN

DATOS DE ENTRENAMIENTO

DATOS DE PRUEBA

MANZANA ROJA

USO DE DATOS
Se emplean datos de entrenamiento para que la IA aprenda y, en ese proceso, se utilizan datos de validación para seguir sus avances. Tras el aprendizaje, las prestaciones de la IA se valoran por medio de datos de prueba.

PREDICCIONES

MANZANA ROJA

MATERIALES PARA ENSEÑAR

Los datos de entrenamiento son el tipo de información que se utiliza en el aprendizaje de máquinas (véanse pp. 58-59) para que las IA ejecuten bien sus tareas. Estos datos se usan durante la programación de las IA para poner a prueba, ajustar y refinar los sistemas (véanse pp. 78-79) hasta que ofrezcan los resultados deseados, o salidas. También se emplean «datos de validación» para diagnosticar en qué medida atina la IA en el procesamiento de los datos de entrenamiento durante el periodo de aprendizaje. Cuando una IA está entrenada, se le suministran «datos de prueba» para evaluar la corrección de sus resultados. El aprendizaje de máquinas requiere grandes cantidades de datos de entrenamiento de tipo etiquetado o no etiquetado (véanse pp. 62-63).

RASGOS

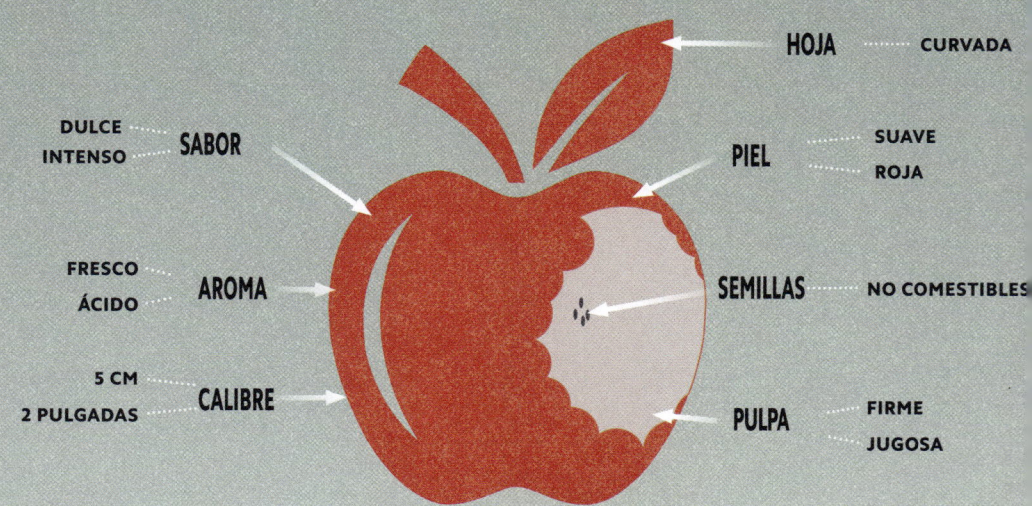

HOJA ···· CURVADA

PIEL ···· SUAVE / ROJA

SABOR — DULCE INTENSO

AROMA — FRESCO / ÁCIDO

CALIBRE — 5 CM / 2 PULGADAS

SEMILLAS ···· NO COMESTIBLES

PULPA ···· FIRME / JUGOSA

Etiquetado de rasgos
Un ser humano etiqueta todos los datos que
describen los rasgos de las manzanas de «tipo A».
La IA aprende que, tomados de manera conjunta,
estos rasgos definen la manzana de «tipo A».

DAR SENTIDO A LOS DATOS

Un «rasgo» es una característica, como un patrón de píxeles, que una IA
puede utilizar como entrada para predecir una etiqueta, que es la salida
que ofrece. En el aprendizaje de máquinas supervisado (véase p. 72)
el sistema aprende a asociar rasgos particulares con etiquetas
mediante el procesamiento de conjuntos de datos de entrenamiento
(véase p. 61) que vienen ya etiquetados por un ser humano. Por
ejemplo, si una IA de reconocimiento de imágenes ha sido entrenada
con fotografías etiquetadas como animales y se le proporciona como
entrada la imagen de un animal cubierto de plumas, con pico curvado
y con cresta, probablemente arrojará como salida la etiqueta: «cacatúa».

ETIQUETAS

BÚSQUEDA EN BANCO DE DATOS DE FRUTAS: MANZANA A

Manzana A
Sabor: dulce, intenso
Aroma: fresco, ácido
Calibre: 5 cm, 2 pulgadas
Hoja: curvada
Piel: suave, roja
Semillas: no comestibles
Pulpa: firme, jugosa

Predicción de etiquetas
Si se conocen todos los rasgos que caracterizan una manzana de «tipo A», entonces la IA puede localizarla en un banco de datos de frutas e identificarla con la etiqueta «manzana A».

> «Un bebé aprende a gatear, luego a caminar y finalmente a correr. En el campo del aprendizaje de máquinas nos hallamos aún en la fase de gatear».
>
> **Dave Waters**

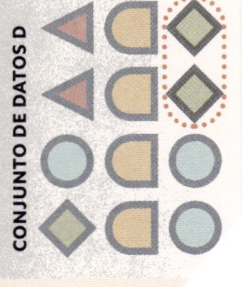

EN BUSCA DE PATRONES

El reconocimiento de patrones es una de las herramientas más versátiles en aprendizaje de máquinas (véanse pp. 58-59) y permite a las IA extraer respuestas a partir de datos masivos. La IA está programada para identificar patrones específicos o semejanzas dentro de los datos, y es capaz de hacerlo muchísimo más rápido que un ser humano. El reconocimiento de patrones puede incluir la detección de ciertos datos y su organización en clases definidas (véase p. 67) o agrupar datos con una cierta semejanza en «cúmulos» (véase p. 68). También puede utilizarse para comprobar cómo cambian las salidas de una IA cuando se modifican las entradas, lo que se denomina «regresión» (véase p. 67).

¿SÍ O NO?

Un árbol de decisión es el modelo de proceso de toma de decisiones utilizado en inteligencia artificial. Funciona interrogando los datos con preguntas cuyas respuestas puedan ser «sí» o «no». Un tipo de árbol de decisión es el «árbol de clasificación». La clasificación específica en el seno del conjunto de datos se va refinando con el planteamiento reiterado de preguntas de tipo sí/no, y en cada una de ellas el conjunto de datos «raíz» se va dividiendo en «ramas» cada vez más pequeñas que comparten rasgos comunes, hasta que queda solo una «hoja» (la conclusión). Suelen usarse tanto en aprendizaje de máquinas (véanse pp. 58-59) como en minería de datos (véase p. 60).

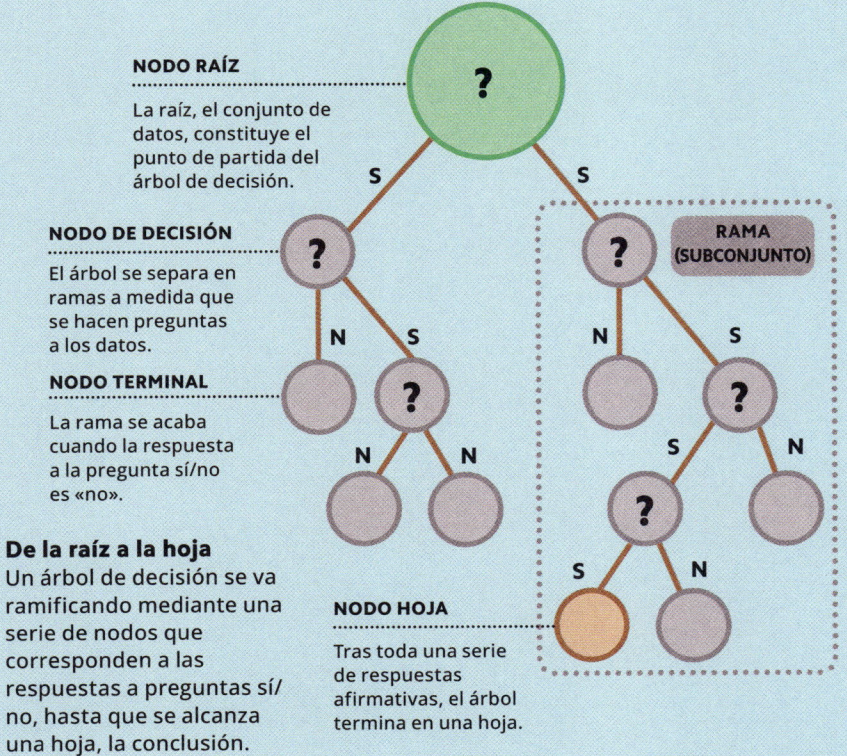

NODO RAÍZ

La raíz, el conjunto de datos, constituye el punto de partida del árbol de decisión.

NODO DE DECISIÓN

El árbol se separa en ramas a medida que se hacen preguntas a los datos.

NODO TERMINAL

La rama se acaba cuando la respuesta a la pregunta sí/no es «no».

RAMA (SUBCONJUNTO)

De la raíz a la hoja

Un árbol de decisión se va ramificando mediante una serie de nodos que corresponden a las respuestas a preguntas sí/no, hasta que se alcanza una hoja, la conclusión.

NODO HOJA

Tras toda una serie de respuestas afirmativas, el árbol termina en una hoja.

TIPOS DE DATOS

Se denomina «clasificador» al algoritmo que asigna etiquetas a cosas (véanse pp. 62-63) y luego las distribuye en categorías o «clases». Las IA aprenden a clasificar a través de un proceso de aprendizaje supervisado (véase p. 72) que utiliza conjuntos de datos etiquetados (véase p. 61), de manera que aprende a reconocer los patrones asociados con las distintas etiquetas. Por ejemplo, un filtro de correo basura aprende a detectar los rasgos característicos de los mensajes basura y los que no lo son, y lo hace a partir de una colección de mensajes electrónicos etiquetados. Sobre la base de este conjunto de datos de entrenamiento, la IA puede asignar después de manera automática las etiquetas «basura» o «no basura» a los mensajes nuevos.

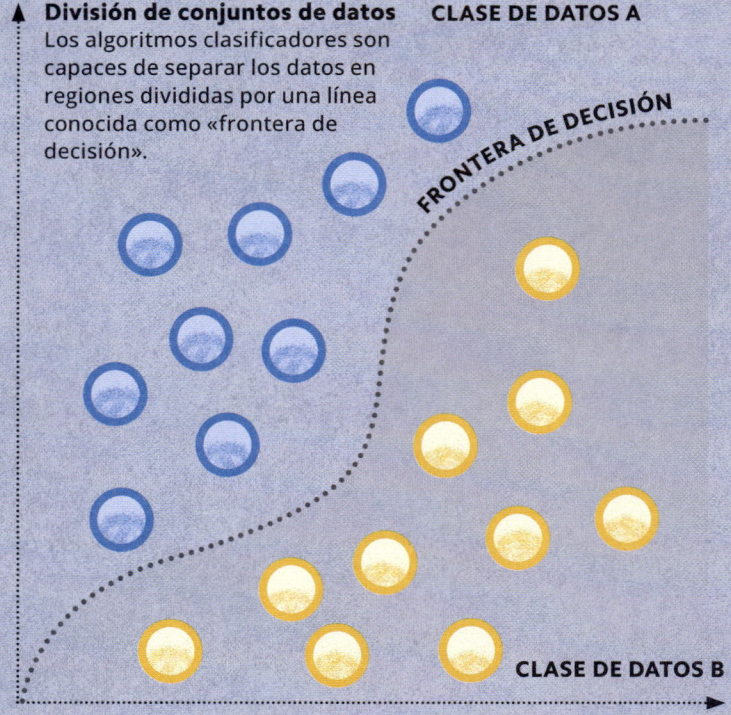

División de conjuntos de datos
Los algoritmos clasificadores son capaces de separar los datos en regiones divididas por una línea conocida como «frontera de decisión».

CLASE DE DATOS A

FRONTERA DE DECISIÓN

CLASE DE DATOS B

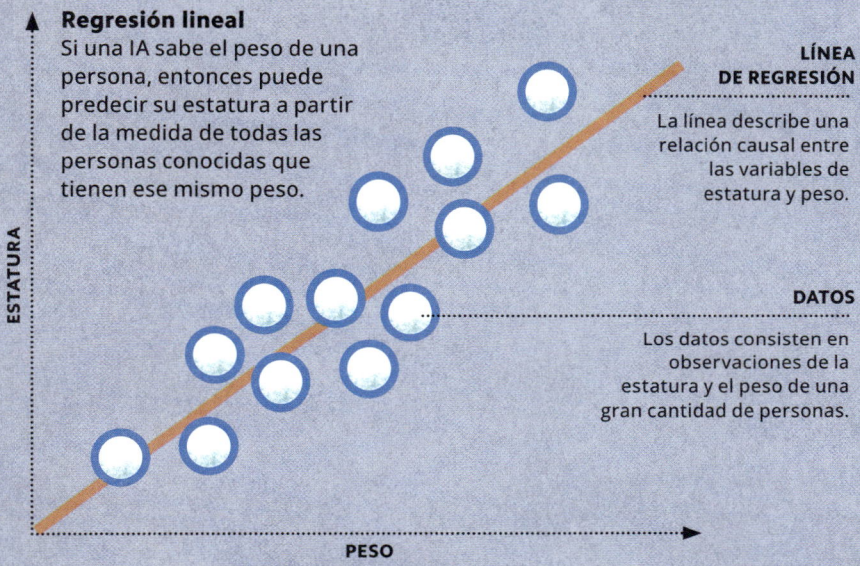

Regresión lineal
Si una IA sabe el peso de una persona, entonces puede predecir su estatura a partir de la medida de todas las personas conocidas que tienen ese mismo peso.

ESTATURA

PESO

LÍNEA DE REGRESIÓN
La línea describe una relación causal entre las variables de estatura y peso.

DATOS
Los datos consisten en observaciones de la estatura y el peso de una gran cantidad de personas.

LA LÍNEA DE MEJOR AJUSTE

La regresión es un proceso que se emplea en muchos campos, incluido el aprendizaje de máquinas (véanse pp. 58-59), donde se aplica un algoritmo para predecir el comportamiento de una o más variables a partir del valor de otra variable. La regresión se utiliza en muchas aplicaciones de aprendizaje supervisado (véase p. 72), en especial en las que se diseñan para detectar relaciones causales entre distintas variables. Por ejemplo, se puede emplear para predecir la temperatura que habrá mañana a partir de los datos de hoy de humedad, viento y presión atmosférica, y de datos que muestren cómo se han comportado esas cuatro variables en el pasado. La «regresión lineal» (representada arriba) es la forma más común y se utiliza muchísimo en economía y finanzas.

AGRUPACIÓN DE DATOS

La formación de cúmulos, o «clustering», es el proceso de separar un conjunto de datos en varios grupos, cada uno con elementos que comparten rasgos comunes. Se trata de una técnica del aprendizaje de máquinas no supervisado (véase p. 73), lo que significa que la IA lo aplica sobre conjuntos de datos brutos de entrenamiento no etiquetados. La formación de cúmulos es especialmente útil para aprender sobre el comportamiento humano. Por ejemplo, una empresa puede aplicarlo para ordenar su clientela en diferentes clases, sobre la base de sus historiales de compra, de modo que se pueda dirigir a ella de manera más efectiva enviando promociones adaptadas a cada perfil.

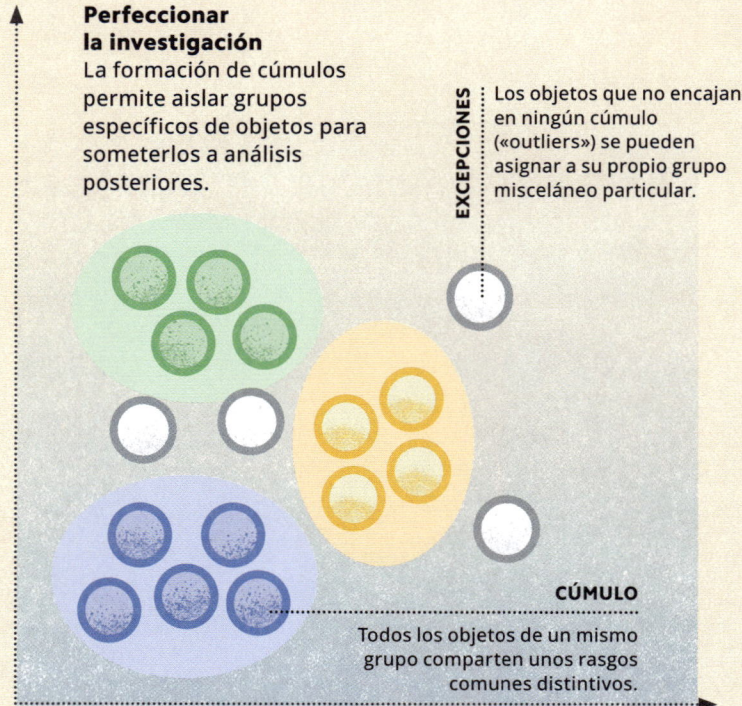

Perfeccionar la investigación
La formación de cúmulos permite aislar grupos específicos de objetos para someterlos a análisis posteriores.

EXCEPCIONES
Los objetos que no encajan en ningún cúmulo («outliers») se pueden asignar a su propio grupo misceláneo particular.

CÚMULO
Todos los objetos de un mismo grupo comparten unos rasgos comunes distintivos.

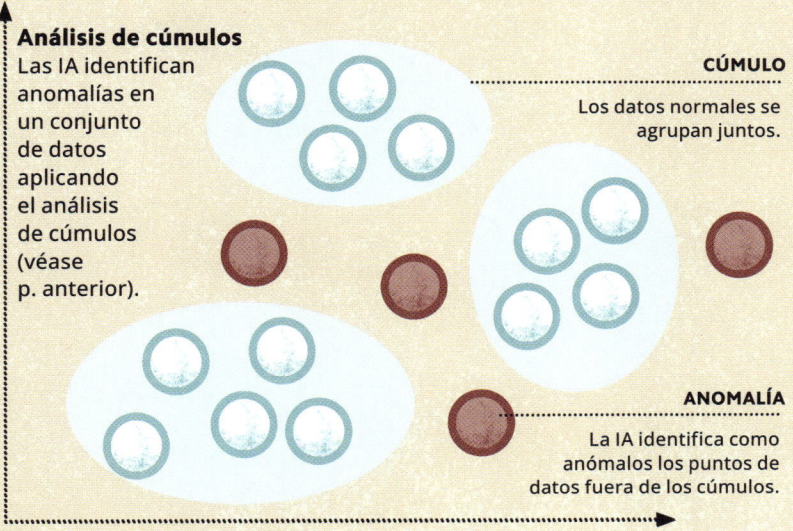

Análisis de cúmulos
Las IA identifican anomalías en un conjunto de datos aplicando el análisis de cúmulos (véase p. anterior).

CÚMULO
Los datos normales se agrupan juntos.

ANOMALÍA
La IA identifica como anómalos los puntos de datos fuera de los cúmulos.

EL RARO DE LA CLASE

La detección de anomalías es el proceso mediante el cual se identifican datos extraños (o «anómalos») en un conjunto. La IA busca datos que no encajen con un determinado patrón o modelo construido a partir de los datos de entrenamiento. Muchas anomalías se deben a errores en los datos, como unidades que se han introducido mal, o como incoherencias en el modo de tomar las medidas. En estos casos, es importante detectar las anomalías para corregir los datos o eliminarlos de la colección. Sin embargo, las anomalías también sirven para llamar la atención sobre problemas más serios debidos a factores externos al conjunto de datos, como fallos en el funcionamiento de los programas informáticos o la infiltración de ciberdelincuentes en el sistema (véanse pp. 96-97).

¿EL RESULTADO MÁS PROBABLE?

Los modelos de aprendizaje de máquinas (véanse pp. 58-59) formulan predicciones gracias al análisis de patrones presentes en datos previos. En IA, una predicción es la salida de un modelo que pronostica la probabilidad de que se produzca un resultado particular. Por ejemplo, si una persona adquiere por internet un cierto producto, se puede utilizar una IA que estudie las compras anteriores (de esta persona o de otras) para predecir qué otros productos podrían interesarle. La predicción con IA no siempre significa pronosticar un suceso futuro. Se emplean para formular «suposiciones» acerca de sucesos pasados, futuros o presentes como, por ejemplo, valorar si una transacción bancaria es fraudulenta (véase p. 98) o si una imagen de rayos X indica que hay una lesión (véase p. 102).

Compra por internet
Una persona compra un producto en una tienda en la red como, por ejemplo, un cepillo de dientes.

Perfil de consumo
La IA construye el perfil de consumo de la persona analizando su comportamiento de compra y todo el historial de operaciones.

Productos similares
La IA identifica otros productos
que suelen comprarse (por esta
persona o por otras) junto con
el que se acaba de adquirir.

Predicción
La IA predice, y recomienda,
productos que podrían
interesar a esta persona como,
por ejemplo, pasta de dientes
o colutorio.

Perfiles similares
La IA compara el perfil de
consumo de esta persona con
muchos otros para identificar
coincidencias.

Predicción
La IA usa el historial de compras
de la persona y los perfiles de
consumo de otras para predecir
qué otros productos recomendar.

APRENDIZAJE DE MÁQUINAS CON DATOS ETIQUETADOS

El aprendizaje supervisado es un tipo de aprendizaje de máquinas en el que la IA se entrena utilizando un conjunto de datos «etiquetados» (véase p. 61). Tanto los datos de entrada como los de salida vienen marcados por un ser humano, con lo que la IA puede aprender la relación que existe entre ellos. Las entradas, las salidas y las reglas que relacionan las unas con las otras se conocen de manera conjunta como una «función». El proceso retoca los pesos (véase p. 78) de la función para que su funcionamiento se ajuste a los datos de entrenamiento. La función resultante se puede aplicar más tarde para predecir salidas a partir de nuevas entradas. El aprendizaje supervisado se puede utilizar para clasificar (véase p. 66) y para calcular regresiones (véase p. 67).

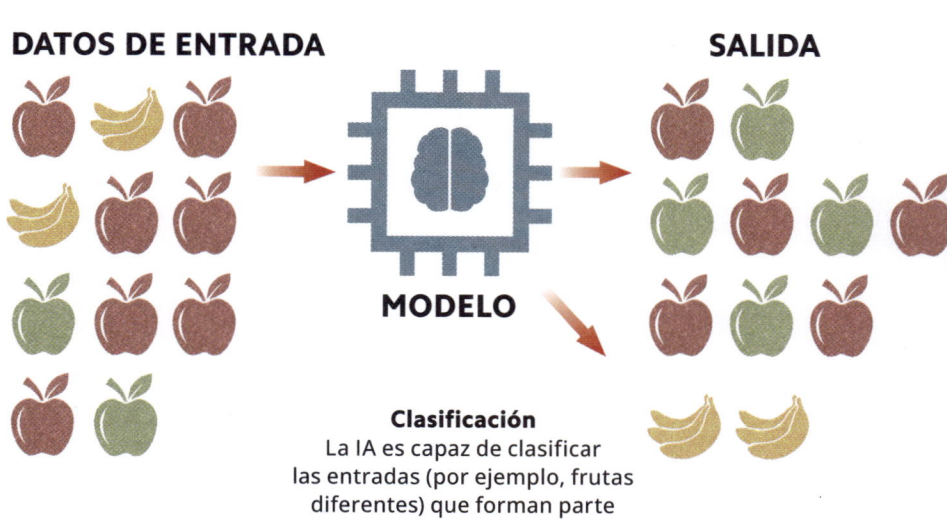

DATOS DE ENTRADA

SALIDA

MODELO

Clasificación
La IA es capaz de clasificar las entradas (por ejemplo, frutas diferentes) que forman parte de un gran conjunto de datos no etiquetados.

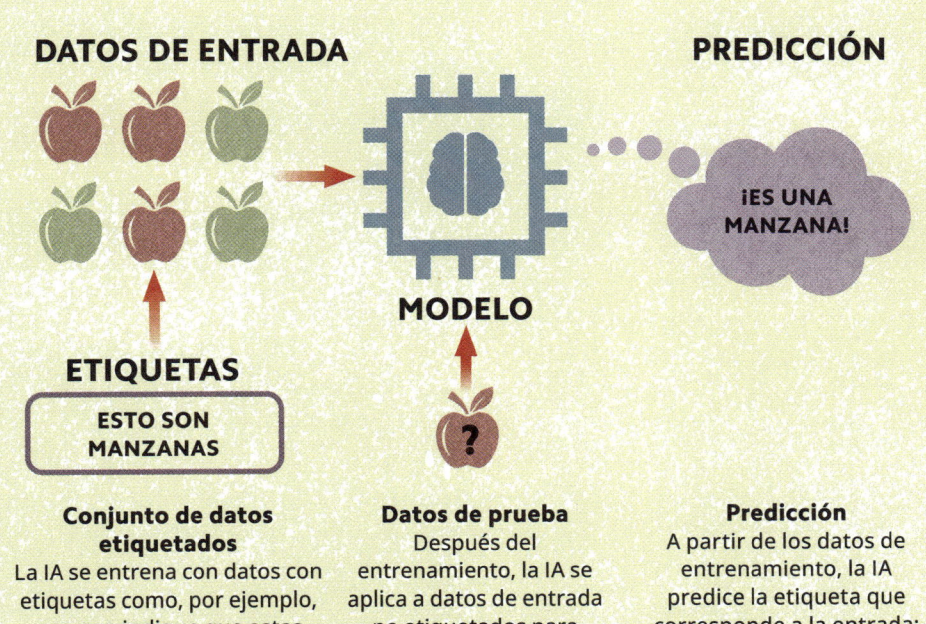

DATOS DE ENTRADA

PREDICCIÓN

¡ES UNA MANZANA!

MODELO

ETIQUETAS

ESTO SON MANZANAS

Conjunto de datos etiquetados
La IA se entrena con datos con etiquetas como, por ejemplo, una que indique que estas entradas son manzanas.

Datos de prueba
Después del entrenamiento, la IA se aplica a datos de entrada no etiquetados para evaluar su rendimiento.

Predicción
A partir de los datos de entrenamiento, la IA predice la etiqueta que corresponde a la entrada: es una manzana.

APRENDIZAJE DE MÁQUINAS CON DATOS «EN BRUTO»

El aprendizaje no supervisado se utiliza para descubrir estructuras ocultas en conjuntos de datos crudos no etiquetados. Aunque las IA no entiendan la relevancia de estas estructuras, pueden tener algún significado en el mundo real. Este enfoque resulta útil en las primeras etapas de la minería de datos (véase p. 60) para encontrar patrones en grandes conjuntos de datos no etiquetados que luego se someten a la interpretación humana. Un método intermedio, el aprendizaje semisupervisado, emplea datos parcialmente etiquetados, lo que brinda resultados mejores que el totalmente no supervisado.

APRENDIZAJE
CON RETROACCIÓN

El aprendizaje por refuerzo positivo es un enfoque del aprendizaje de máquinas (véanse pp. 58-59) que instruye la IA para que realice una tarea por ensayo y error. Para lograrlo, se programa la IA para que reconozca «recompensas» y «castigos», que corresponden a un refuerzo positivo y negativo, dependiendo de si acierta o falla. La IA aprende que acertar es bueno, y que fallar es malo, y realiza intentos sucesivos para completar la tarea hasta que obtiene la recompensa. Por ejemplo, un vehículo autónomo entrenado con este sistema (véase p. 122) recibirá un castigo (retroacción negativa) hasta que aprenda que no tiene que avanzar con un semáforo en rojo.

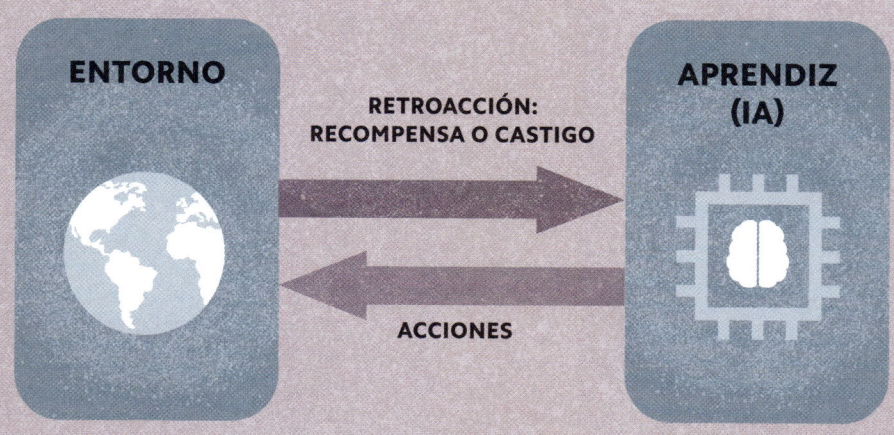

ENTORNO

RETROACCIÓN: RECOMPENSA O CASTIGO

APRENDIZ (IA)

ACCIONES

Ensayo y error
La IA aprende a acertar en la realización de la tarea a través de las consecuencias de sus actos. Buscará la recompensa y rehuirá del castigo hasta completar la tarea.

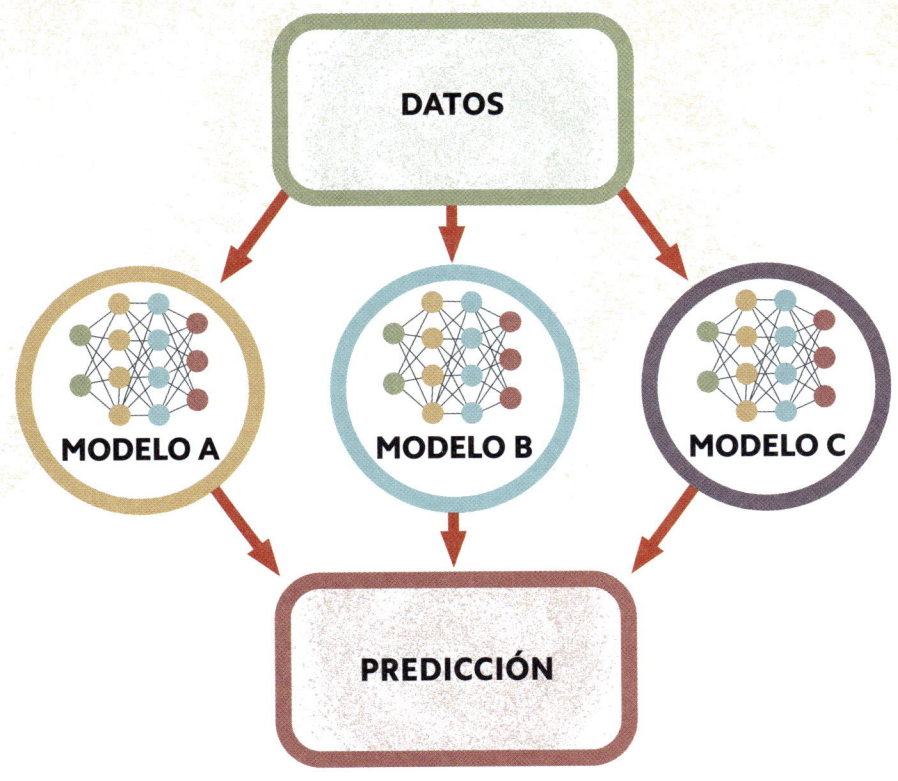

TRABAJAR JUNTOS

El aprendizaje conjunto se basa en que si se combinan las salidas de varios algoritmos de aprendizaje de máquinas se obtiene un resultado mejor que aplicando un modelo. El empleo de dos o más modelos construidos y entrenados mediante datos de entrenamiento diferentes, puede compensar las debilidades individuales de cada sistema, con lo que se generarán predicciones más precisas. El aprendizaje conjunto se usa para «enseñar» a un modelo determinado a mejorar sus prestaciones predictivas, pero también para evaluar la fiabilidad de un modelo y para evitar que se seleccione uno de baja calidad.

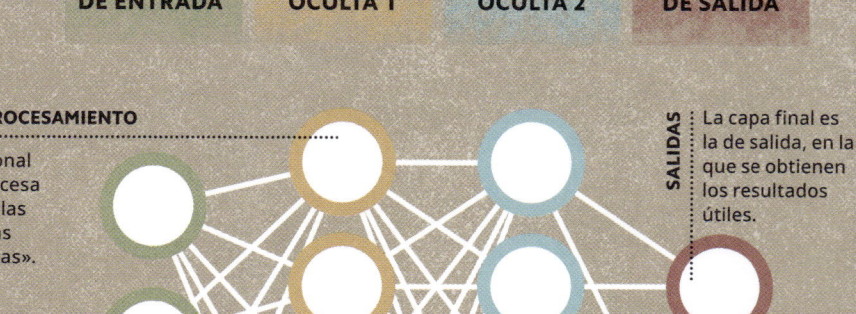

CAPA
DE ENTRADA

CAPA
OCULTA 1

CAPA
OCULTA 2

CAPA
DE SALIDA

CAPAS DE PROCESAMIENTO

La red neuronal
artificial procesa
los datos en las
denominadas
«capas ocultas».

SALIDAS

La capa final es
la de salida, en la
que se obtienen
los resultados
útiles.

ENTRADAS

La información,
como por ejemplo
los datos, se
introduce en la
red neuronal
artificial a través
de la capa de
entrada.

EL CEREBRO DE LA IA

Las redes neuronales artificiales son modelos de aprendizaje
de máquinas basados en algoritmos (véase p. 14). Su estructura
se asemeja a la del cerebro y consiste en nodos
interconectados (neuronas artificiales) que se organizan en
múltiples «capas». Los nodos de cada capa reciben datos, los
procesan y envían resultados a la capa siguiente, hasta que se
logra una salida o resultado. Cada nodo funciona como un
microprocesador individual que se puede reprogramar para
que maneje los datos del modo deseado. Es posible enseñar
a la red neuronal a «aprender» (véase p. 61) por medio de datos
de entrenamiento, hasta lograr que produzca los resultados
esperados como salida.

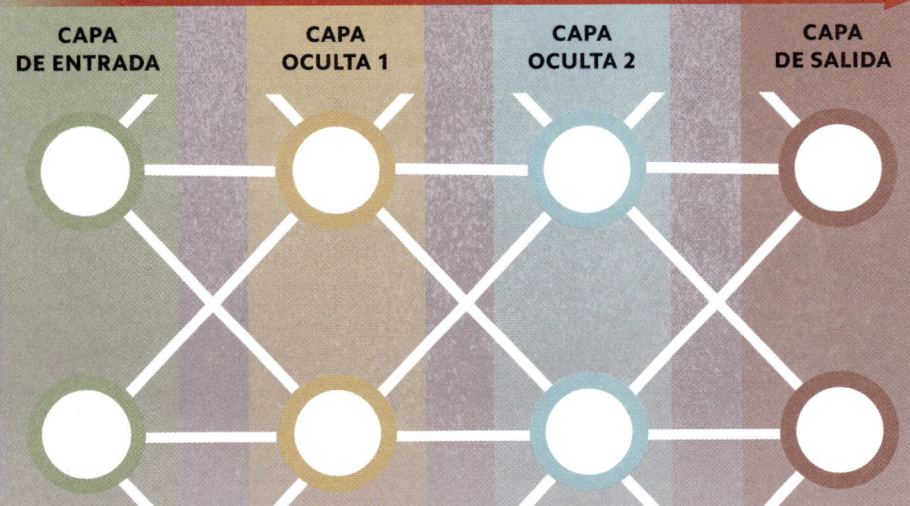

CAPA DE ENTRADA

CAPA OCULTA 1

CAPA OCULTA 2

CAPA DE SALIDA

Capa de entrada
La capa de entrada aporta los datos de partida a la red.

Varias capas ocultas
Los datos se procesan en las capas «ocultas» a medida que atraviesan la red neuronal pasando de una a otra.

Capa de salida
Los datos procesados emergen de la red por la capa de salida.

ESTRUCTURA DE LA RED

Las redes neuronales artificiales se estructuran en «capas», es decir, conjuntos de nodos de procesamiento que trabajan juntos. Los datos fluyen desde los nodos de una capa hacia los de la siguiente. La primera capa siempre contiene los datos iniciales, la «entrada». Después hay una capa «oculta», o varias, donde se produce el procesamiento. Estas capas están escondidas, en el sentido de que sus datos no se hacen visibles durante el uso de la red, algo que sí ocurre con los datos de entrada y de salida. Al final, los datos resultantes llegan a la capa de «salida». Todas estas redes comparten esta estructura básica, pero unas son más complejas que otras: las redes neuronales recurrentes (véase p. 85) conectan los nodos con los de la capa previa o la posterior, mientras que las redes neuronales profundas (véase p. 86) pueden tener centenares de capas ocultas.

ASIGNACIÓN DE RELEVANCIA

Los algoritmos de IA incorporan variables (valores matemáticos que pueden cambiar) que determinan cómo se procesan los datos en el seno de una red neuronal artificial (véase p. 76). Al diseñar y entrenar una red neuronal se puede atribuir a estas variables una influencia mayor o menor en el conjunto del algoritmo. Esta influencia se denomina «peso»: cuanto mayor peso tenga una variable, mayor será su influencia en la salida. El «sesgo» (o «bias», véase p. siguiente) fija el umbral en que las variables se tornan significativas. El ajuste de los pesos y los sesgos permite afinar la red neuronal para que sus resultados sean más precisos.

¿DEBERÍA MORDER LA MANZANA?

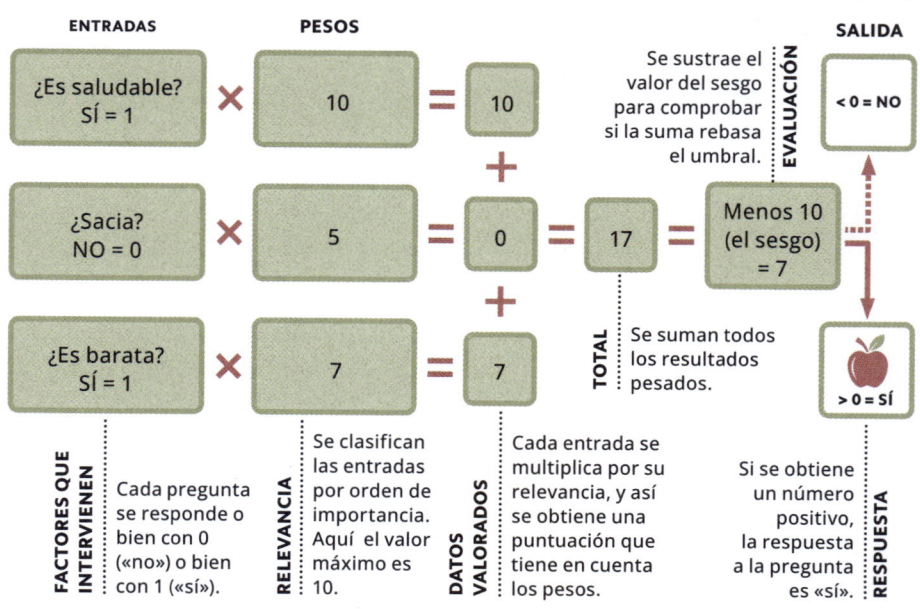

ENTRADAS — **PESOS** — **SALIDA**

¿Es saludable? SÍ = 1 × 10 = 10

¿Sacia? NO = 0 × 5 = 0

¿Es barata? SÍ = 1 × 7 = 7

= 17

Menos 10 (el sesgo) = 7

EVALUACIÓN: Se sustrae el valor del sesgo para comprobar si la suma rebasa el umbral.

SALIDA: < 0 = NO / > 0 = SÍ

TOTAL: Se suman todos los resultados pesados.

FACTORES QUE INTERVIENEN: Cada pregunta se responde o bien con 0 («no») o bien con 1 («sí»).

RELEVANCIA: Se clasifican las entradas por orden de importancia. Aquí el valor máximo es 10.

DATOS VALORADOS: Cada entrada se multiplica por su relevancia, y así se obtiene una puntuación que tiene en cuenta los pesos.

RESPUESTA: Si se obtiene un número positivo, la respuesta a la pregunta es «sí».

OBJETIVOS
Y UMBRALES

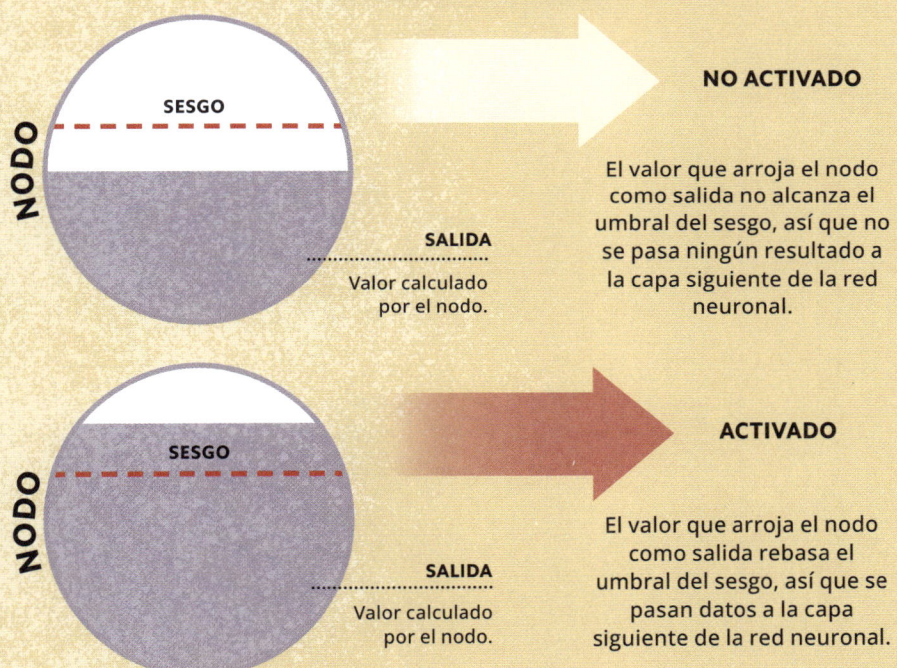

NODO

SESGO

NO ACTIVADO

El valor que arroja el nodo como salida no alcanza el umbral del sesgo, así que no se pasa ningún resultado a la capa siguiente de la red neuronal.

SALIDA
Valor calculado por el nodo.

NODO

SESGO

ACTIVADO

El valor que arroja el nodo como salida rebasa el umbral del sesgo, así que se pasan datos a la capa siguiente de la red neuronal.

SALIDA
Valor calculado por el nodo.

Una red neuronal artificial (véase p. 76) consta de capas hechas de «nodos» que reciben datos y los procesan. Un nodo solo pasa información al siguiente si su valor de salida rebasa un cierto umbral. Ese umbral no es más que una cifra fijada al diseñar la red neuronal y se conoce como «sesgo» o «bias». El nodo se activa y pasa sus datos de salida tan solo si se alcanza ese valor. Si el nodo no se activa, la ruta de transmisión de datos termina ahí. Es posible incorporar diferentes valores de sesgo con el fin de orientar los datos hacia nodos específicos de la siguiente capa en la red neuronal.

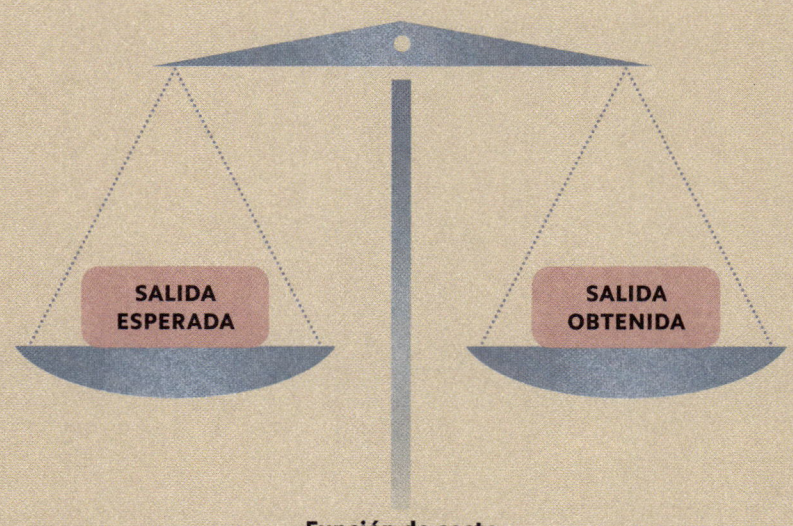

Función de coste
La diferencia entre la salida esperada y la obtenida mide las prestaciones del modelo. El objetivo es que ambos valores sean iguales.

LA MEDIDA DEL ÉXITO

Las prestaciones de un modelo de aprendizaje de máquinas como, por ejemplo, una red neuronal artificial (véase p. 76) se pueden evaluar por medio de la «función de coste». Se trata de una medida de los cambios que se producen en el curso del entrenamiento cuando se comparan las salidas obtenidas con las esperadas. Esta diferencia se denomina «coste» y se expresa en forma de número. Cuanto mayor sea el número, mayor es la diferencia entre las salidas obtenidas y las esperadas y, por tanto, el modelo tiene prestaciones peores. El coste se va reduciendo, y las prestaciones mejoran a medida que el modelo aprende. El entrenamiento termina cuando el coste vale cero, o se acerca a cero lo máximo posible.

MEJORA DE LAS PRESTACIONES

Un modelo de aprendizaje de máquinas mejora sus prestaciones mediante el ajuste fino de sus parámetros. En lugar de procesar una cantidad masiva de datos, el modelo puede empezar con un dato elegido de manera aleatoria y luego ir abriéndose camino hacia una solución mejor. El algoritmo que se usa para este proceso se denomina «gradiente descendente». El sistema va ajustando sus parámetros y, cada vez que lo hace, evalúa el nivel de éxito mediante la «función de coste» (véase p. anterior). Al representar el gradiente o cambio de la función de coste en una gráfica se obtiene una curva. El modelo reduce el coste siguiendo la pendiente descendente más inclinada. Cuando la pendiente se nivela, el modelo ya no puede mejorar más, y se detiene el proceso de aprendizaje.

PUNTO DE PARTIDA
Desde un punto aleatorio, el modelo se desplaza a lo largo de la pendiente descendente más inclinada.

Ensayo y error
El modelo va recolocando sus parámetros gracias a la interacción con un algoritmo de gradiente descendente, hasta que se logran las prestaciones óptimas.

PASADA DE LARGO
Si la función de coste empieza a crecer, el modelo da un paso pequeño hacia atrás.

COMPROBACIÓN
En cada paso se evalúa el funcionamiento del modelo mediante el gradiente descendente.

Se alcanza el valor más bajo posible de la función de coste cuando el gradiente se torna igual a cero.

PASOS PEQUEÑOS
Los pasos se reducen a medida que la pendiente se nivela, para evitar pasarse de largo.

DESTINO

MEJORA DEL MODELO

1. Puesta a prueba
Se aportan datos de entrenamiento (p. 61) a la red neuronal. El resultado se llama «datos de prueba».

2. Cálculo del coste
Se comparan los datos de prueba con los de entrenamiento, y la diferencia es la función de coste (p. 80).

La «regla delta» (también conocida como regla de aprendizaje delta) permite la mejora de las prestaciones de una única capa en una red neuronal artificial (p. 76) mediante el ajuste de sus parámetros. Recurre al «gradiente descendente» (véase p. 81) para identificar las opciones que más mejoran el modelo. A medida que las salidas del modelo se aproximan a las esperadas, los ajustes aplicados son cada vez menores, hasta que las salidas obtenidas y esperadas están lo más cerca posible entre sí. La propagación hacia atrás (p. 84) supone una forma generalizada de la regla delta que se aplica a redes neuronales con cualquier número de capas.

4. Ajuste del modelo
Se afinan los parámetros de la red neuronal a partir de la interación con el algoritmo de gradiente descendente.

3. Uso del gradiente descendente
Este algoritmo determina en qué dirección hay que alterar los parámetros del modelo para reducir la función de coste.

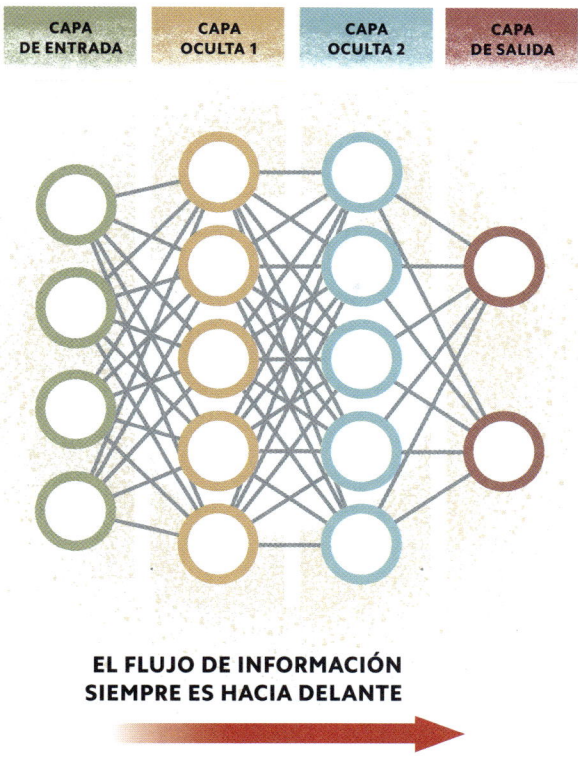

CAPA DE ENTRADA | CAPA OCULTA 1 | CAPA OCULTA 2 | CAPA DE SALIDA

EL FLUJO DE INFORMACIÓN SIEMPRE ES HACIA DELANTE

RED DE SENTIDO ÚNICO

Una «red neuronal prealimentada» es una red neuronal artificial simple (véase p. 76) en la que el flujo de información solo puede producirse hacia delante, en el sentido que va desde la capa de entrada hacia la capa de salida, pasando sucesivamente por las capas ocultas. Las conexiones entre los nodos de una red de este tipo no pueden formar «bucles de retroacción» o, dicho de otro modo, las salidas nunca se convierten de nuevo en entradas, como sí puede suceder en una red neuronal recurrente (véase p. 85). La forma más simple de red neuronal prealimentada es una sola neurona artificial (véase p. 21), la cual puede someterse a un proceso de aprendizaje de máquinas por medio del gradiente descendente (véase p. 81).

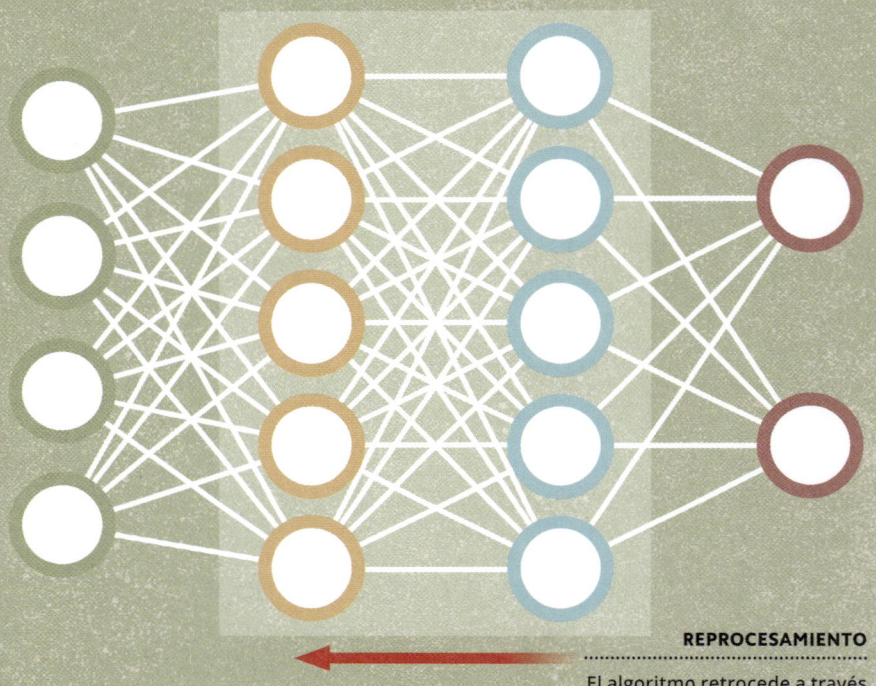

CAPA
DE ENTRADA

CAPA
OCULTA 1

CAPA
OCULTA 2

CAPA
DE SALIDA

REPROCESAMIENTO

El algoritmo retrocede a través
de la red neuronal para proceder
a su ajuste fino capa a capa.

AJUSTE FINO DE LOS DATOS

La propagación hacia atrás constituye un algoritmo que se utiliza
para entrenar redes neuronales artificiales (véase p. 76), en concreto
las redes neuronales prealimentadas (véase p. 83). Se conoce como
propagación hacia atrás porque empieza por la capa final (la de salida)
y retrocede hasta la primera (la de entrada). A lo largo de este proceso
se reprograman los nodos ajustando sus pesos (véase p. 78) y sesgos
(véase p. 79) por medio del gradiente descendente (véase p. 81), para
hallar qué valores producen los resultados mejores. Así se logra un
ajuste fino de la red neuronal artificial con resultados más precisos.

CAPA
DE ENTRADA

CAPA
OCULTA 1

CAPA
OCULTA 2

CAPA
DE SALIDA

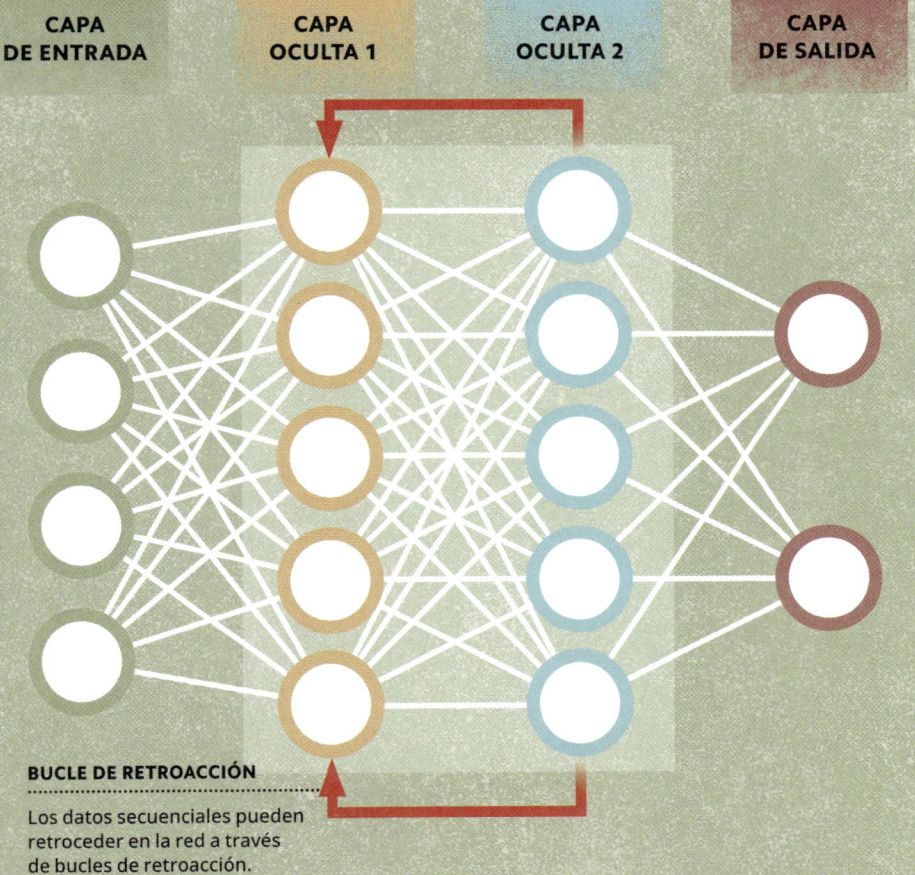

BUCLE DE RETROACCIÓN

Los datos secuenciales pueden
retroceder en la red a través
de bucles de retroacción.

DATOS ESTRUCTURADOS

Una red neuronal recurrente es un tipo de red neuronal artificial en la
que los datos pueden retroceder y formar «bucles de retroacción». Estas
redes se usan para procesar datos secuenciales, es decir, datos que tienen
que estar en un orden específico, como en el caso del lenguaje. Las redes
neuronales tradicionales procesan datos individuales para generar la salida,
mientras que las redes recurrentes conservan intactas la estructura
esencial y las interrelaciones en los datos secuenciales. Se usan en tareas de
procesamiento de lenguaje natural (véase p. 112), como el entrenamiento de
asistentes virtuales que mantienen conversaciones orales.

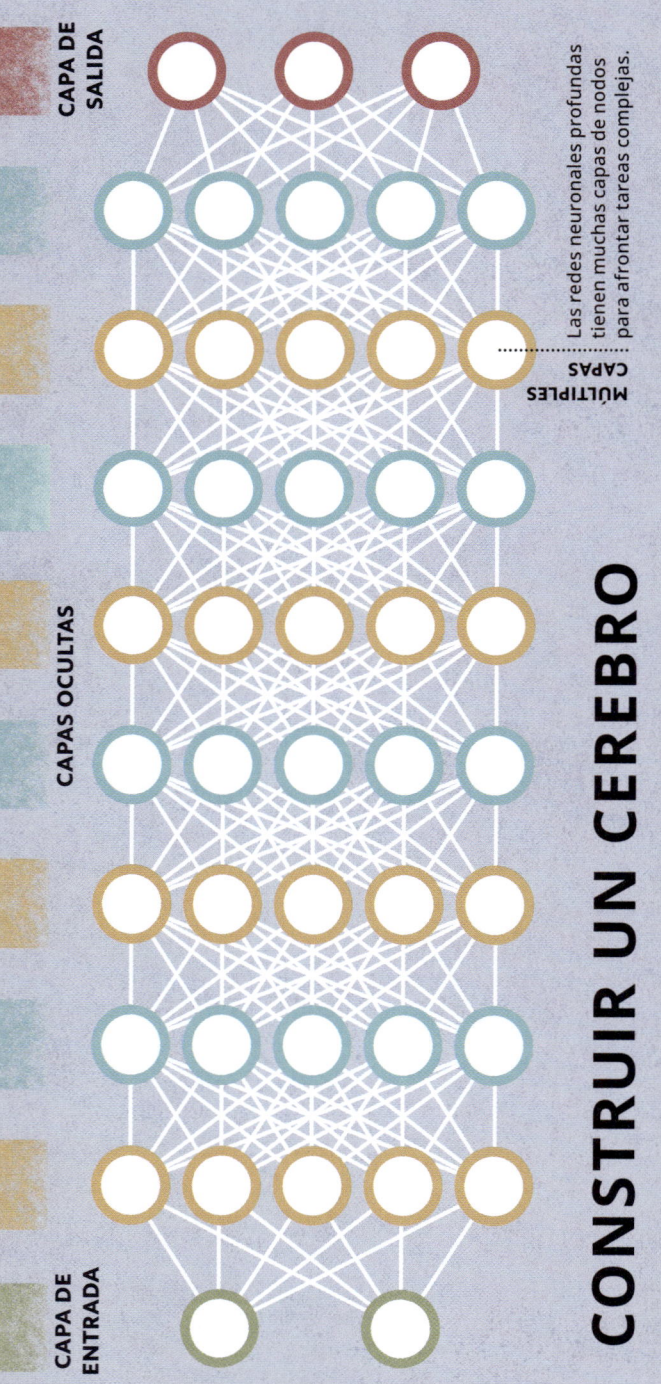

CAPA DE SALIDA

MÚLTIPLES CAPAS Las redes neuronales profundas tienen muchas capas de nodos para afrontar tareas complejas.

CAPAS OCULTAS

CAPA DE ENTRADA

CONSTRUIR UN CEREBRO

El aprendizaje profundo es una variante muy potente del aprendizaje de máquinas basado en redes neuronales artificiales (véase p. 76). Recurre a redes neuronales con muchas capas ocultas, conocidas como redes neuronales profundas, lo que les permite identificar más rasgos significativos en los datos de entrada. Como en cualquier red neuronal, los datos pasan de la capa de entrada a las capas ocultas, donde los nodos los reciben, los procesan y los transfieren a los nodos de las capas posteriores. Al contar con tantas capas, las redes profundas procesan los datos de manera rápida y precisa, y pueden formular predicciones acertadas. Se usan en numerosos procesos complejos de IA, como el procesamiento del lenguaje natural (véase p. 112).

IA CONTRA IA

Una red generativa contrapuesta es un modelo de aprendizaje de máquinas que usa dos redes neuronales artificiales (véase p. 76) que compiten entre sí. Una red neuronal, el «generador», utiliza datos de entrenamiento no etiquetados desde fuera para producir datos nuevos falsificados que suministrará a la segunda red neuronal, el «discriminador». Este tiene la misión de identificar los datos falsos. Si lo consigue, el generador vuelve a intentarlo y produce falsificaciones más difíciles de distinguir de los datos reales. Si el discriminador fracasa, vuelve a intentar la identificación de datos falsos de una manera más efectiva. Este proceso se prolonga hasta que el generador logre construir datos falsificados convincentes. El generador es ahora capaz de utilizar datos reales existentes para producir datos nuevos como, por ejemplo, predicciones.

Positivo
Identificados los datos falsificados.

Negativo
No se han identificado los datos falsos.

Aprendizaje de máquinas
Los datos falsos del generador no son lo bastante convincentes, así que lo intenta de nuevo en un proceso de mejora gradual de sus falsificaciones.

Aprendizaje de máquinas
El discriminador no identifica los datos falsificados, así que lo intenta de nuevo hasta lograrlo y va aprendiendo durante el proceso.

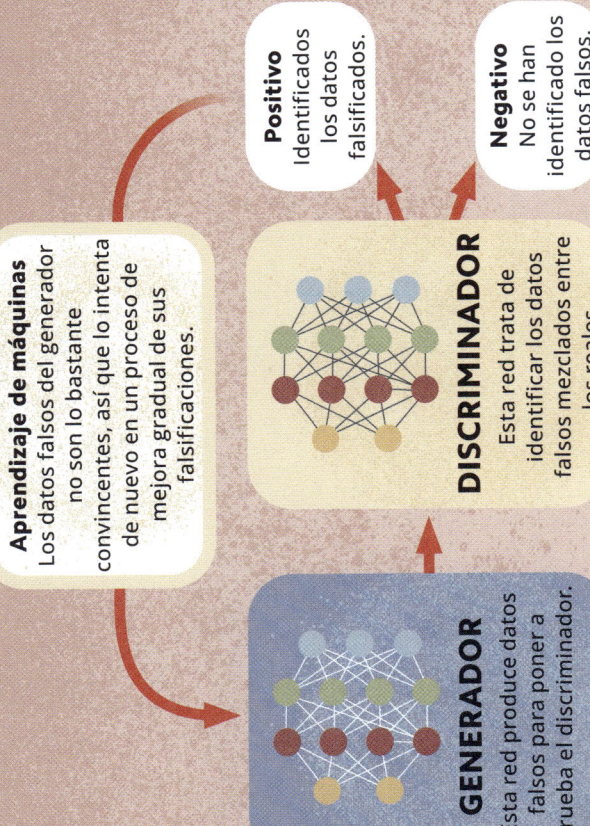

DISCRIMINADOR
Esta red trata de identificar los datos falsos mezclados entre los reales.

GENERADOR
Esta red produce datos falsos para poner a prueba el discriminador.

PROCESAMIENTO DE DATOS VISUALES

Una red neuronal convolutiva es un tipo de red profunda (véase p. 86) con una estructura similar a la del córtex visual, la parte del cerebro que recibe y analiza la información procedente del ojo. Las redes convolutivas son herramientas efectivas aplicadas a la visión de computadoras (véase p. 110) porque se pueden entrenar para que reconozcan rasgos en imágenes, como las orejas puntiagudas de los gatos. Hay tres tipos de capas (véase p. 77) en una red convolutiva. El primer tipo se dedica a una función llamada «convolución», que

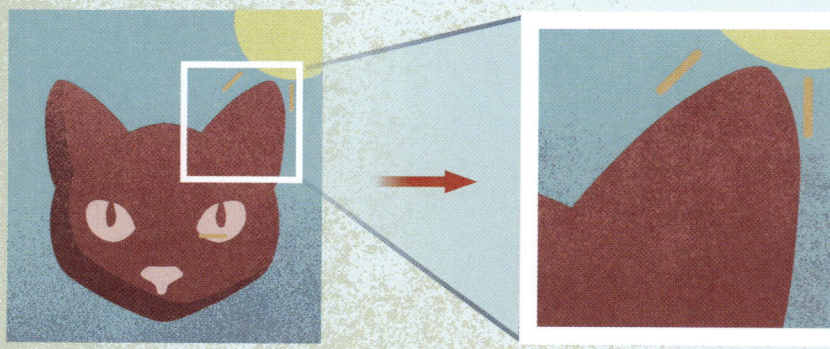

Entrada
La entrada de una red neuronal convolutiva suele ser una imagen como, por ejemplo, la foto de un gato.

Convolución
A la imagen se le aplica un filtro que produce el mapa de rasgos, el cual permite detectarlos en conjuntos de píxeles.

«Me entusiasma descubrir maneras de mejorar las redes neuronales, sobre todo cuando guardan una relación estrecha con el modo en que funciona el cerebro».
Geoffrey Hinton

permite detectar los rasgos presentes en una imagen. Estas capas extraen en primer lugar los rasgos de bajo nivel (bordes y líneas) antes de extraer rasgos de nivel más elevado (formas). Funcionan aplicando un filtro a la imagen que genera un «mapa» con la ubicación de cada rasgo. Después de cada convolución hay una capa de «agrupación» (o «pooling») que reduce la complejidad de los mapas de rasgos. Luego se alisan los datos de cada una de estas capas y se envían a una capa de «clasificación» (véase p. 66) que identifica la imagen y la etiqueta.

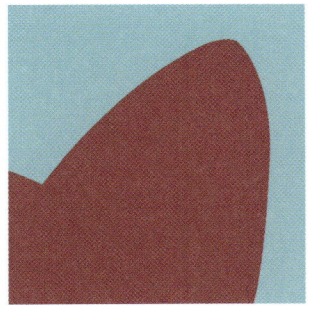

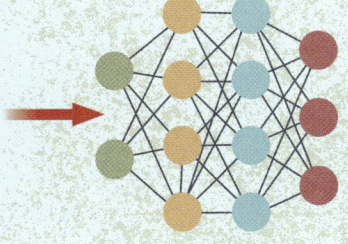

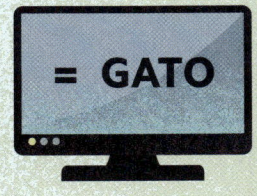

Agrupamiento («pooling»)
Se eliminan los factores de «confusión» para reducir el tiempo de cálculo necesario, y se procede a la abstracción de los rasgos.

Clasificación
La IA asocia con una imagen los datos producidos por las capas anteriores.

Salida
La IA identifica la fotografía como la imagen de un gato.

INTELIG
ARTIFIC
APLICA

ENCIA
IAL
CADA

Al igual que la informática, la IA es una tecnología que encuentra usos en muchos campos, desde las bellas artes al diseño de armamento de alta tecnología. Resulta más efectiva cuando se emplea como apoyo, más que de sustitución, de personas expertas y cuando intervienen cantidades enormes de datos, como sucede en el internet de las cosas. En condiciones óptimas, la IA es capaz de completar tareas con una rapidez y precisión sobrehumanas. Hay ocasiones en las que tan solo se requiere una técnica de IA para realizar una tarea, mientras que otras aplicaciones recurren a una combinación de varias. Por ejemplo, los vehículos autónomos incorporan técnicas de IA de campos distintos, como la visión de computadoras combinada con tecnologías de sonar, radar y posicionamiento global.

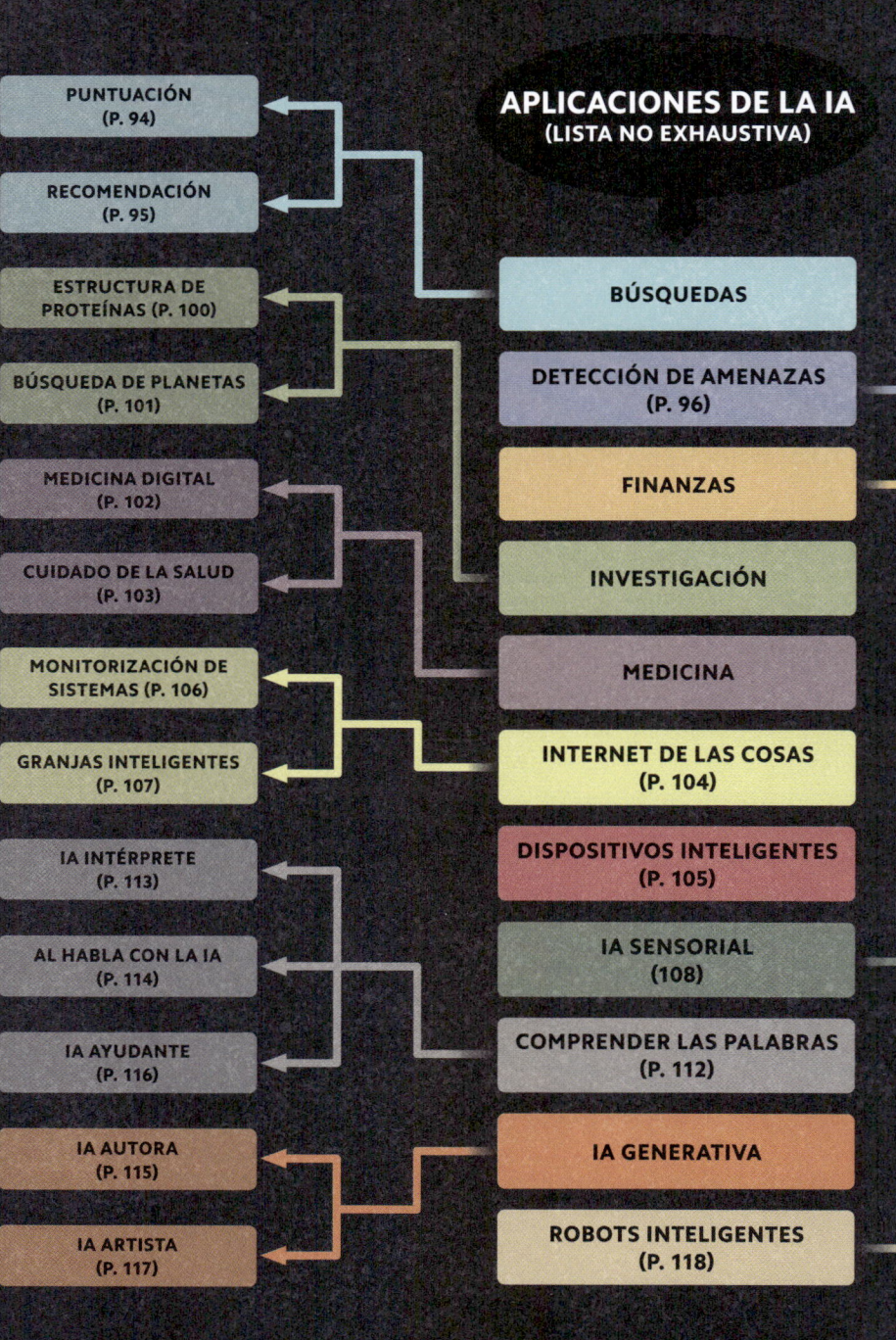

APLICACIONES DE LA IA
(LISTA NO EXHAUSTIVA)

PUNTUACIÓN
(P. 94)

RECOMENDACIÓN
(P. 95)

ESTRUCTURA DE
PROTEÍNAS (P. 100)

BÚSQUEDA DE PLANETAS
(P. 101)

MEDICINA DIGITAL
(P. 102)

CUIDADO DE LA SALUD
(P. 103)

MONITORIZACIÓN DE
SISTEMAS (P. 106)

GRANJAS INTELIGENTES
(P. 107)

IA INTÉRPRETE
(P. 113)

AL HABLA CON LA IA
(P. 114)

IA AYUDANTE
(P. 116)

IA AUTORA
(P. 115)

IA ARTISTA
(P. 117)

BÚSQUEDAS

DETECCIÓN DE AMENAZAS
(P. 96)

FINANZAS

INVESTIGACIÓN

MEDICINA

INTERNET DE LAS COSAS
(P. 104)

DISPOSITIVOS INTELIGENTES
(P. 105)

IA SENSORIAL
(108)

COMPRENDER LAS PALABRAS
(P. 112)

IA GENERATIVA

ROBOTS INTELIGENTES
(P. 118)

APLICACIONES DE LA IA

«Un mundo movido
por autómatas ya
no parece tan
inverosímil».
Gemma Whelan

APLICACIONES DE LA IA

Sea a través de los teléfonos celulares o
de los asistentes virtuales, interactuamos
con aplicaciones de IA por todas partes, a
veces sin siquiera darnos cuenta de ello.
Estas aplicaciones han cambiado nuestra
manera de trabajar, de comprar y de
comunicarnos, y han revolucionado
muchos sectores industriales, entre ellos
las finanzas, la sanidad y la agricultura.
Hay otras tecnologías de IA que se
encuentran aún en pañales, como el
armamento autónomo, pero también
ellas serán de uso habitual muy pronto.

PUNTUACIÓN

Al usar un motor de búsqueda en internet, la puntuación generada por una IA determina qué resultados aparecen los primeros en la lista. Hay algoritmos de puntuación (o *ranking*) que ubican y valoran los sitios en la red que contienen los mismos términos o «palabras clave», que pueden ser las que se han introducido en el interfaz de uso del motor de búsqueda. Los sitios con mejor correspondencia con esas palabras obtienen más puntos. Otros algoritmos puntúan mejor las páginas a las que se accede desde más sitios, o las que son muy populares.

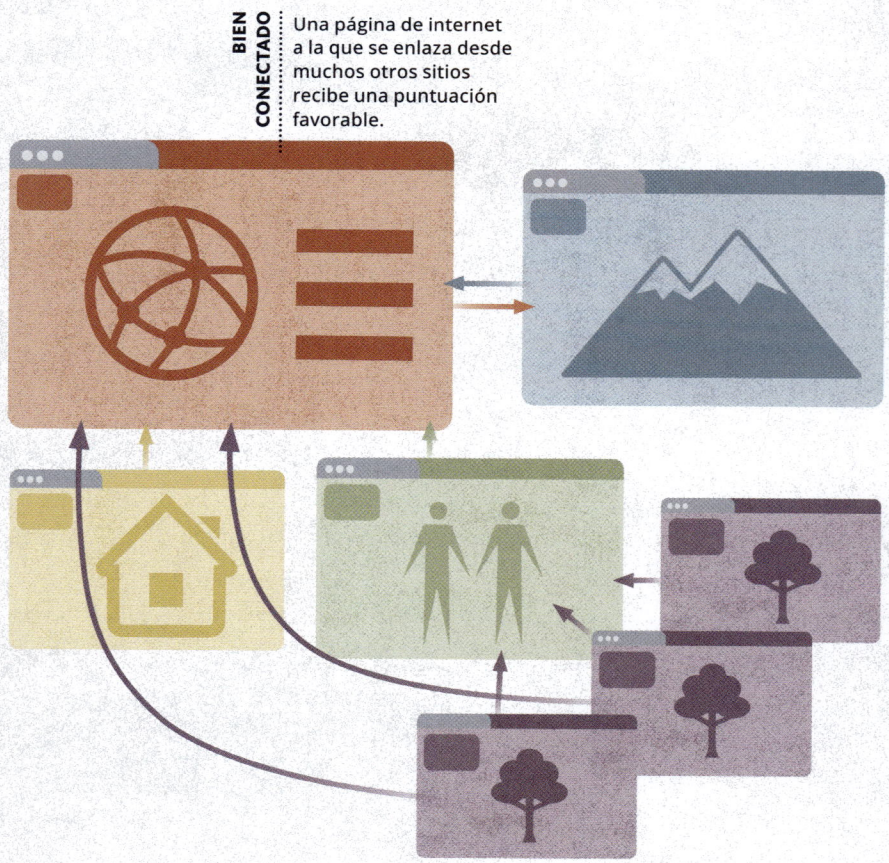

BIEN CONECTADO
Una página de internet a la que se enlaza desde muchos otros sitios recibe una puntuación favorable.

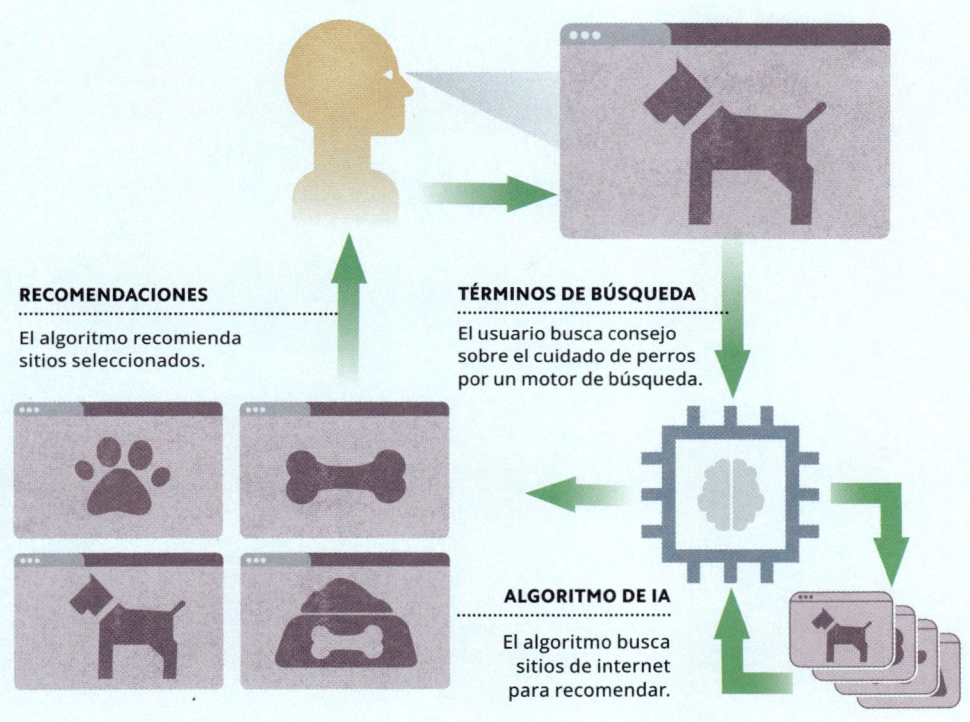

RECOMENDACIONES

El algoritmo recomienda sitios seleccionados.

TÉRMINOS DE BÚSQUEDA

El usuario busca consejo sobre el cuidado de perros por un motor de búsqueda.

ALGORITMO DE IA

El algoritmo busca sitios de internet para recomendar.

RECOMENDACIÓN

Los algoritmos de recomendación basados en IA proponen sitios de internet o productos que pueden resultar interesantes de acuerdo con el historial de búsquedas en internet de la persona en cuestión, y de muchas otras. Ello implica sugerir contenidos similares a lo que se ha visto con anterioridad u ofrecer sitios visitados por personas con perfiles similares. Con este fin, los algoritmos formulan predicciones (véanse pp. 70-71). Por ejemplo, si una persona busca información sobre cuidado de perros, el algoritmo de IA predice que tiene, o quiere tener, un perro. Entonces busca en internet sitios populares y productos relacionados con perros.

DETECCIÓN DE AMENAZAS

Los programas tradicionales para la detección de amenazas empleados en ciberseguridad buscan la «firma» de programas maliciosos conocidos (o «malware», véase p. siguiente) y proceden a bloquearlos y disparan una alarma. Incorporar IA en estos sistemas permite que la defensa cibernética identifique y clasifique amenazas mutantes o incluso nuevas (programas maliciosos de «día cero»), inadvertidas para sistemas clásicos por no encajar con las firmas conocidas. Esto constituye un avance crucial en ciberseguridad. También se usa IA para predecir cómo y cuándo podría abrirse una brecha de seguridad en un sistema y cómo reaccionar.

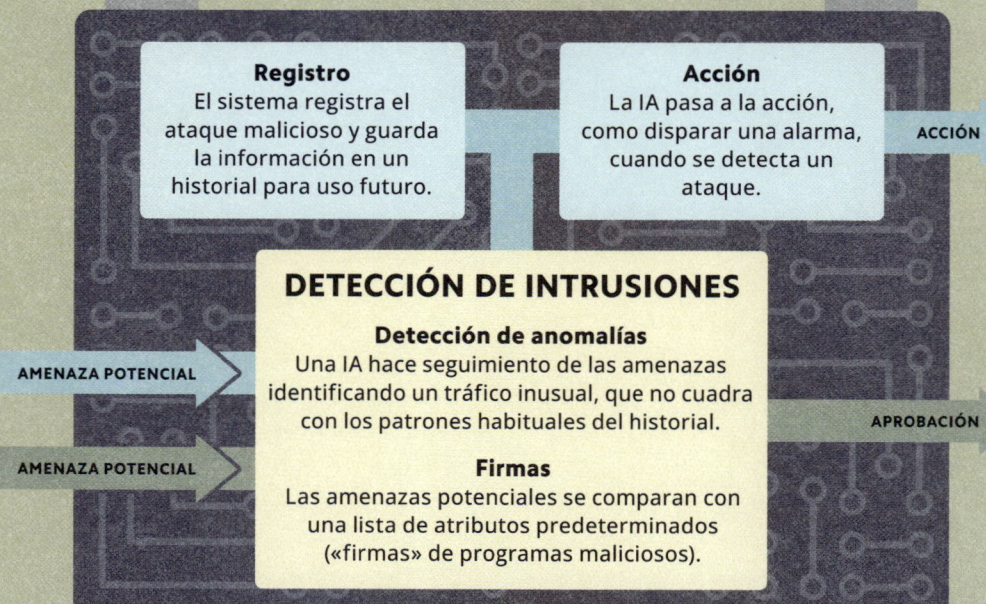

Registro
El sistema registra el ataque malicioso y guarda la información en un historial para uso futuro.

Acción
La IA pasa a la acción, como disparar una alarma, cuando se detecta un ataque.

ACCIÓN

DETECCIÓN DE INTRUSIONES

Detección de anomalías
Una IA hace seguimiento de las amenazas identificando un tráfico inusual, que no cuadra con los patrones habituales del historial.

Firmas
Las amenazas potenciales se comparan con una lista de atributos predeterminados («firmas» de programas maliciosos).

AMENAZA POTENCIAL

AMENAZA POTENCIAL

APROBACIÓN

Jaqueo

Se conoce como «jaqueo» (o «hacking») la acción de entrar en un sistema o dispositivo con la intención de acceder a la información digital de otras personas.

Secuestro de sistemas

Hay programas maliciosos, «ransomware», que localizan y encriptan los archivos y los vuelven inaccesibles hasta pagar un rescate.

Programas maliciosos

Los programas maliciosos, o «malware», dañan los dispositivos o logran acceder a información reservada.

Denegación de servicio

Un ataque de denegación de servicio (DoS) inunda el sistema con datos hasta el punto de que se rebasa su capacidad y deja de funcionar.

Desinformación

Agentes enemigos usan internet para difundir noticias falsas con el fin de influir en la opinión pública, fomentar la inestabilidad y los conflictos sociales.

ATAQUES EN LA RED

Se llama «guerra digital» al empleo de ataques cibernéticos contra un Estado. Se causan daños considerables a un país desde la distancia si se trastocan servicios esenciales e infraestructuras críticas, como las redes eléctricas, mediante la anulación de los sistemas informáticos que los controlan. Las tácticas de guerra digital incluyen ataques de denegación de servicio (DoS), programas maliciosos, como virus y secuestradores de sistemas («ransomware»), campañas de desinformación o jaqueos financiados por un Estado. Las guerras digitales emplean IA para intensificar esos ataques. Los programas maliciosos basados en IA usan el aprendizaje de máquinas (véanse pp. 58-59) para detectar debilidades en los sistemas de seguridad, y simular que lo ocurrido es accidental.

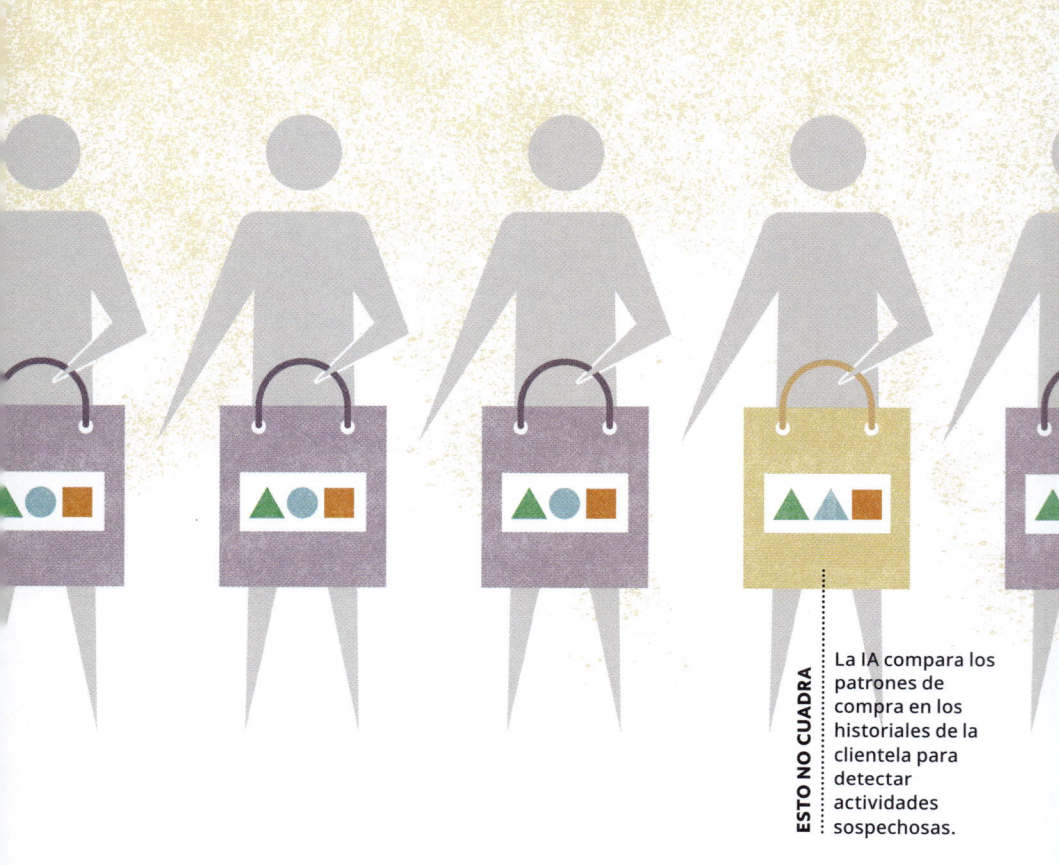

ESTO NO CUADRA

La IA compara los patrones de compra en los historiales de la clientela para detectar actividades sospechosas.

DETECCIÓN DE FRAUDES

Las entidades financieras están adoptando sistemas de IA para detectar y prevenir el fraude. Estos sistemas son capaces de procesar cantidades inmensas de datos acerca de transacciones anteriores y aprender los patrones de comportamiento habituales en la clientela de la banca. Cuando se detectan transacciones que no encajan con estos patrones (p. 69), la IA las etiqueta para que se sometan a escrutinio o se adopten otras actuaciones, como bloquear la cuenta bancaria. Una IA puede puntuar cada transacción de acuerdo con la probabilidad de que sea fraudulenta y disparar una alarma si la puntuación rebasa un cierto umbral.

IA EN LAS FINANZAS

Las transacciones de alta frecuencia (HFT) consisten en el uso de algoritmos especializados para adoptar decisiones de inversión y ejecutar transacciones a una velocidad sobrehumana (se pueden realizar millones de ellas cada día). Hay entidades financieras que gestionan todas sus carpetas de inversiones con sistemas HFT, que evalúan grandes cantidades de datos del mercado en tiempo real, lo que les permite identificar los mejores *stocks* y valores para comprar y vender, captar el instante óptimo y ejecutar todo con una rapidez extrema. Los sistemas HFT pueden usar procesamiento de lenguaje natural (véase p. 112) para analizar noticias y redes sociales con el fin de obtener información útil para sus decisiones.

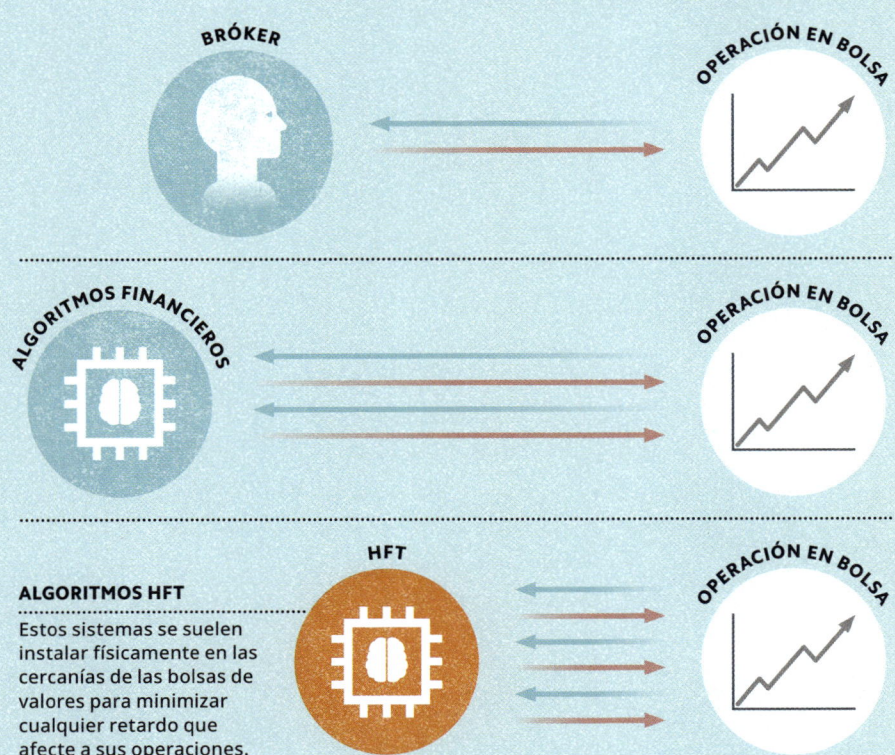

BRÓKER

OPERACIÓN EN BOLSA

ALGORITMOS FINANCIEROS

OPERACIÓN EN BOLSA

HFT

ALGORITMOS HFT

Estos sistemas se suelen instalar físicamente en las cercanías de las bolsas de valores para minimizar cualquier retardo que afecte a sus operaciones.

OPERACIÓN EN BOLSA

DESMADEJAR PROTEÍNAS

La IA no solo acelera labores tediosas, sino que contribuye a abrir campos nuevos de investigación científica. Por ejemplo, los sistemas de IA predicen con una precisión atómica la estructura tridimensional de «proteínas plegadas» (los bloques básicos de la vida), gracias a técnicas de aprendizaje profundo (véase p. 86) y a datos experimentales recopilados con mucho esfuerzo. Antes no era posible deducir la estructura de una proteína plegada a partir de su composición química. El «problema del plegado de proteínas» estuvo sin resolver durante décadas. En la actualidad, la comprensión del funcionamiento de las proteínas ha transformado la investigación médica y ha acelerado los procesos para obtener nuevos medicamentos.

EXOPLANETA

Un exoplaneta pasa por delante de su estrella y esto causa un descenso temporal en la luz recibida.

UN HUECO EN LA LUZ

La reducción del nivel de luz causada por el exoplaneta en órbita sigue un patrón bien definido y medible.

EN BUSCA DE PLANETAS

La IA es una herramienta poderosa para la investigación científica que permite buscar fenómenos interesantes dentro de cantidades de datos enormes. La astronomía ofrece un ejemplo. La IA se utiliza para clasificar galaxias, para detectar ondas gravitatorias y para identificar «exoplanetas» con gran precisión. Se llama exoplaneta a cualquier planeta que se encuentre fuera del Sistema Solar. Una red neuronal artificial (véase p. 76) es capaz de analizar la cantidad de luz procedente de una estrella que queda bloqueada cada cierto tiempo, así como de reconocer si el patrón detectado se debe a un exoplaneta en órbita. Son cientos los exoplanetas que se han detectado usando la IA de este modo.

MEDICINA DIGITAL

La IA es una poderosa herramienta de asistencia en medicina. El aprendizaje de máquinas, en especial el profundo (véase p. 86), ha demostrado su eficacia a la hora de identificar dolencias en imágenes médicas, incluida la detección de indicios de cáncer de pulmón en tomografía computarizada, así como para diagnosticar problemas retinales causados por la diabetes a partir de fotografías de los ojos. La IA sirve también para prevenir ciertas enfermedades, establecer prioridades ante casos urgentes o seleccionar los tratamientos más adecuados.

VIGILANCIA DE LA TOS

Un parche detecta
anomalías en los
patrones de tos.

NIVELES DE GLUCOSA

Un parche monitoriza
sin interrupción
el nivel de glucosa
en la sangre de quien
lo lleva.

NIVELES DE OXÍGENO

Un anillo inteligente
hace el seguimiento
de los niveles de
oxígeno en sangre.

DETECCIÓN DE CAÍDAS

Hay sensores que detectan
si la persona que los lleva se
ha caído y proporcionan su
ubicación a quienes están al
cargo de su cuidado.

TEMPERATURA CORPORAL

Un parche
lleva un
registro de la
temperatura
del cuerpo.

PRESIÓN SANGUÍNEA

Una pulsera
mide la
presión
de la sangre.

CUIDADO DE LA SALUD

Las IA tienen un papel destacado en la sanidad conocido como
«telemedicina». Es posible colocar sensores en el cuerpo que efectúan
un seguimiento de las funciones corporales vitales, como el nivel de
oxígeno o la presión sanguínea. Si un sensor detecta un problema
enviará una señal a un asistente digital (una aplicación en el teléfono
o la computadora). A su vez, el asistente digital puede conectarse a
internet y lanzar una alerta a una IA en el centro médico, que compara
el informe del asistente digital con el historial de datos de la persona,
y avisa al personal médico. Lo más importante es que esta tecnología
es capaz de detectar problemas que la persona afectada no notaría.
Las tecnologías de IA se utilizan también con la población general para
hacer un seguimiento del estado de salud física o mental.

EL INTERNET DE LAS COSAS

El «internet de las cosas» (IoT) es la red de dispositivos interconectados que recolectan e intercambian datos a través de internet, no solo teléfonos o computadoras, sino también frigoríficos inteligentes, automóviles autónomos, monitores de la salud, cámaras de seguridad y decenas de miles de millones de otros objetos. Todos estos dispositivos recopilan cantidades enormes de datos y es necesario que respondan de manera adecuada a las necesidades de quienes las usan y del entorno, por lo que se han convertido en una parte integral del IoT. Un sistema de IA puede identificar patrones de uso de energía y proponer ajustes que reduzcan el importe de la factura de los suministros.

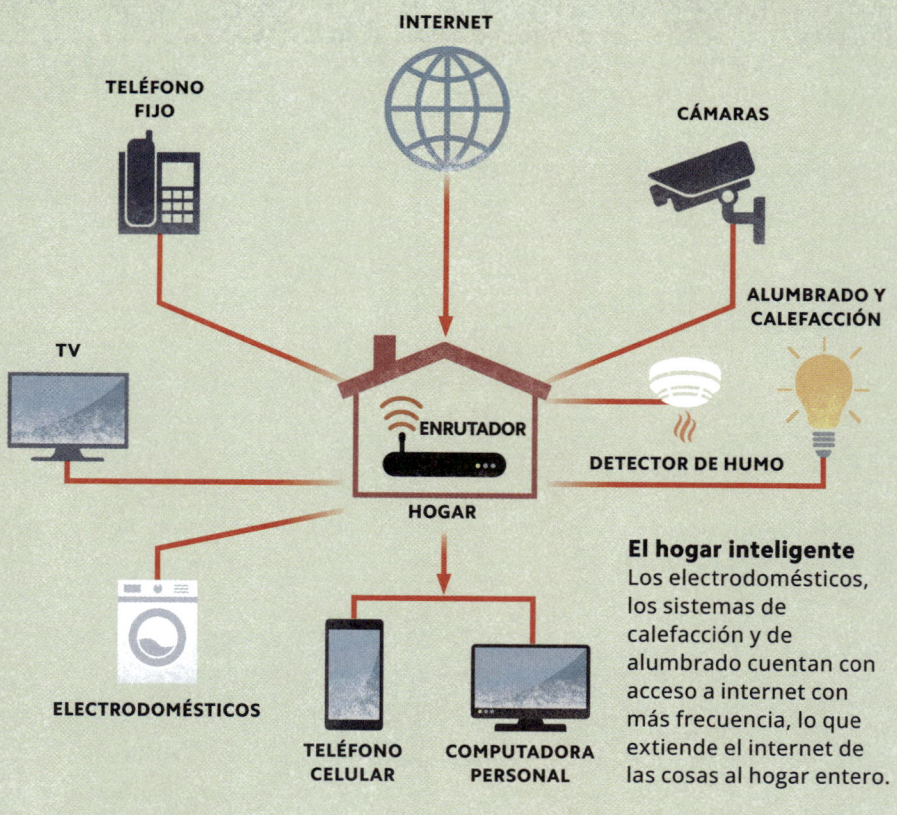

INTERNET

TELÉFONO FIJO

CÁMARAS

ALUMBRADO Y CALEFACCIÓN

TV

ENRUTADOR

DETECTOR DE HUMO

HOGAR

ELECTRODOMÉSTICOS

TELÉFONO CELULAR

COMPUTADORA PERSONAL

El hogar inteligente
Los electrodomésticos, los sistemas de calefacción y de alumbrado cuentan con acceso a internet con más frecuencia, lo que extiende el internet de las cosas al hogar entero.

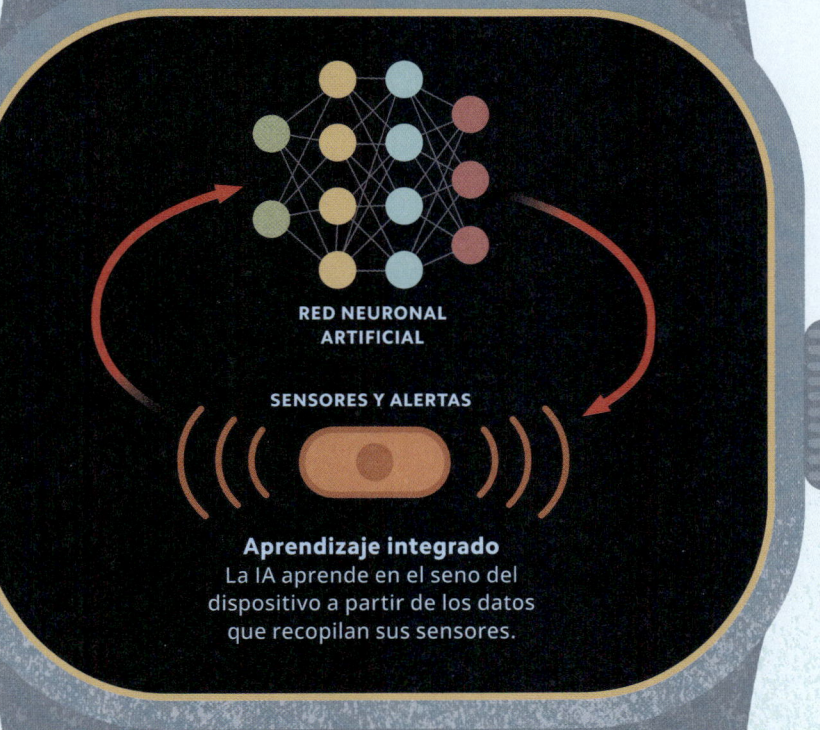

**RED NEURONAL
ARTIFICIAL**

SENSORES Y ALERTAS

Aprendizaje integrado
La IA aprende en el seno del
dispositivo a partir de los datos
que recopilan sus sensores.

DISPOSITIVOS INTELIGENTES

La «inteligencia» que está presente en el internet de
las cosas (IoT, véase p. anterior) reside en la nube. Sin
embargo, cada vez hay más programas de IA con
capacidades de aprendizaje de máquinas, incluso de
aprendizaje profundo, integradas en los propios
dispositivos, como en teléfonos celulares o relojes
inteligentes. El uso de IA integrada elimina el tráfico
de datos continuo con la nube, lo que reduce el
consumo de energía, los tiempos de procesamiento,
los riesgos de seguridad y la dependencia de las
empresas que gestionan la nube. Los dispositivos de
monitorización en tiempo real (véase p. 106) detectan
y responden rápidamente si cuentan con IA integrada.

MONITORIZACIÓN DE SISTEMAS

El «internet de las cosas» (véase p. 104) permite a la IA monitorizar todo tipo de equipos de manera automática, lo cual incluye infraestructuras pesadas como gasoductos, redes de transporte o redes eléctricas. Todos estos sistemas disponen de sensores distribuidos por toda su extensión, capaces de recolectar datos y enviarlos a sistemas de IA que los analizan en busca de anomalías (véase p. 69) y disparan alertas para que el personal técnico humano los analice. También se usa la IA para predecir fallos en el futuro, lo que permite al equipo técnico hacer un mantenimiento preventivo. De este modo se minimizan las interrupciones de servicio para tareas de mantenimiento ordinario con equipos complejos.

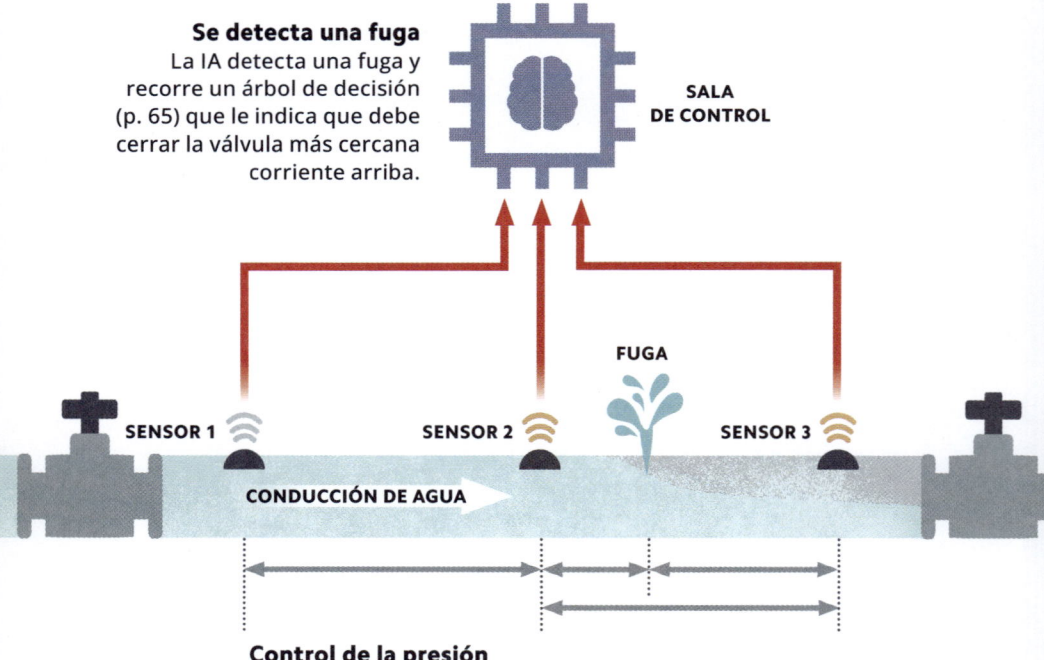

Se detecta una fuga
La IA detecta una fuga y recorre un árbol de decisión (p. 65) que le indica que debe cerrar la válvula más cercana corriente arriba.

SALA DE CONTROL

FUGA

SENSOR 1

SENSOR 2

SENSOR 3

CONDUCCIÓN DE AGUA

Control de la presión
Los sensores monitorizan la presión en la conducción de agua y transmiten los datos por vía inalámbrica a una IA, que detecta la anomalía si la presión entre los sensores 2 y 3 es inferior al valor normal.

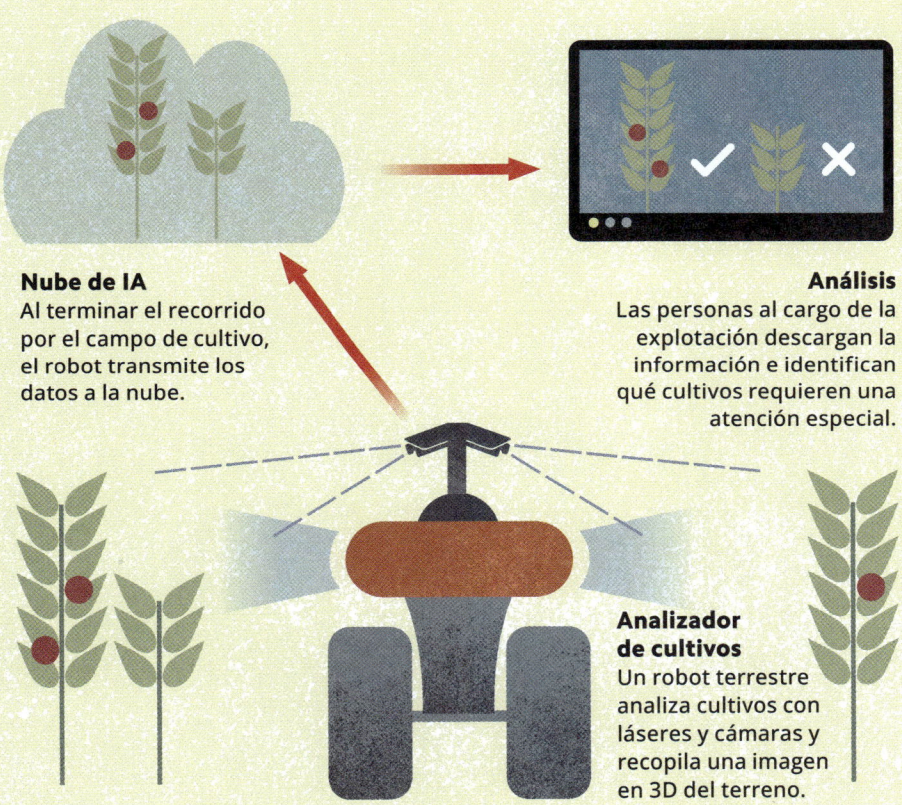

Nube de IA
Al terminar el recorrido por el campo de cultivo, el robot transmite los datos a la nube.

Análisis
Las personas al cargo de la explotación descargan la información e identifican qué cultivos requieren una atención especial.

Analizador de cultivos
Un robot terrestre analiza cultivos con láseres y cámaras y recopila una imagen en 3D del terreno.

AGRICULTURA INTELIGENTE

La IA es una tecnología clave para la «agricultura de precisión», un enfoque de la agricultura que optimiza el uso del agua y de otros recursos para incrementar la productividad y reducir los residuos. Recurre a dispositivos como drones y robots terrestres que recolectan datos desde el aire y desde el suelo que la IA analiza con posterioridad. El personal responsable recibe información en tiempo real sobre los cultivos que le permite saber en todo momento cuáles requieren agua, pesticidas o fertilizantes. Estos métodos precisos de cultivo serán indispensables en el futuro, cuando la población global tal vez llegue a alcanzar la cifra de dos mil millones de personas.

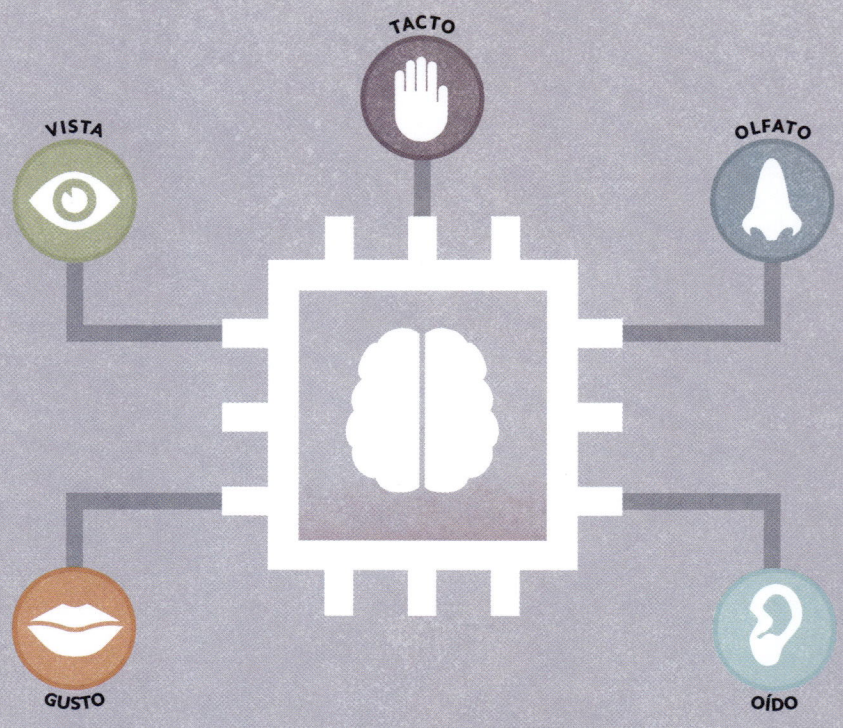

IA SENSORIAL

Un aspecto crucial de la inteligencia humana consiste en la capacidad para percibir el mundo a través de la vista, el oído, el tacto, el olfato y el gusto. La percepción de máquinas es la capacidad de las computadoras para percibir el entorno a través de aparatos específicos (como cámaras o micrófonos) y para interpretar los datos recopilados y reaccionar en consecuencia. Esto permite a las computadoras recibir información de fuentes distintas a un teclado o un ratón, lo que supone un avance hacia la equiparación de la IA con la inteligencia humana.

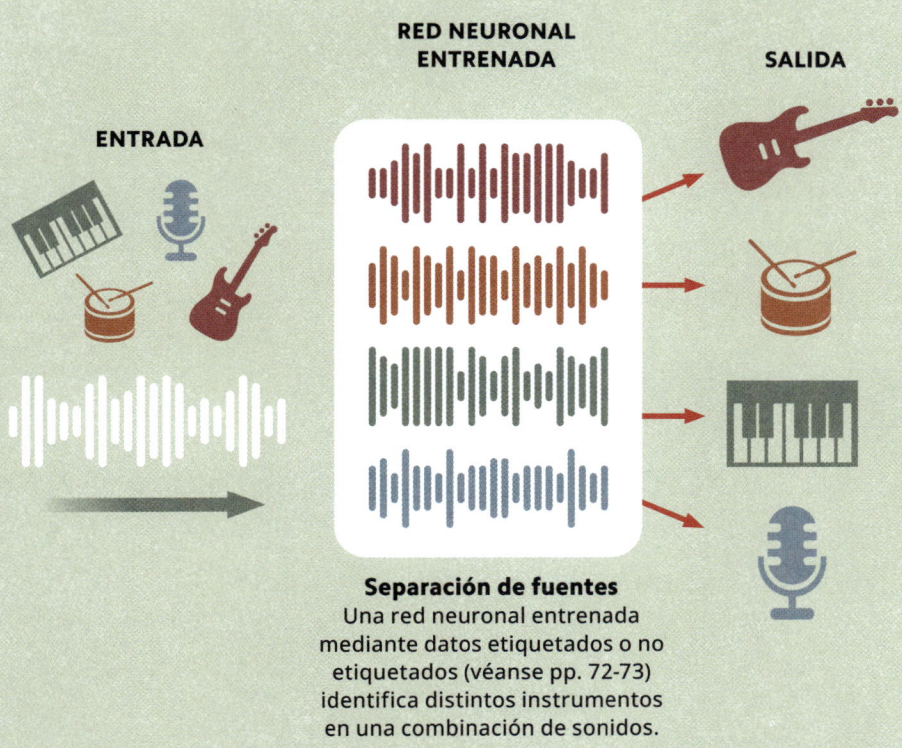

Separación de fuentes
Una red neuronal entrenada
mediante datos etiquetados o no
etiquetados (véanse pp. 72-73)
identifica distintos instrumentos
en una combinación de sonidos.

PROCESAMIENTO DEL SONIDO

El oído de máquinas consiste en la capacidad de una
computadora para captar y procesar datos de sonido, como
música o el habla humana. Este campo interdisciplinar emplea
inteligencia artificial tanto clásica (véase p. 35) como estadística
(véase p. 57). El desarrollo de la tecnología del oído de máquinas
aspira a replicar capacidades del cerebro humano que solemos
dar por sentadas, como concentrar la atención en un sonido
concreto en medio del ruido de fondo. El reconocimiento del habla
es un campo incluido en el oído de máquinas que pretende
comprender el significado del lenguaje hablado, a través de
modelos entrenados con aprendizaje profundo (véase p. 86).

EMULAR LA VISTA

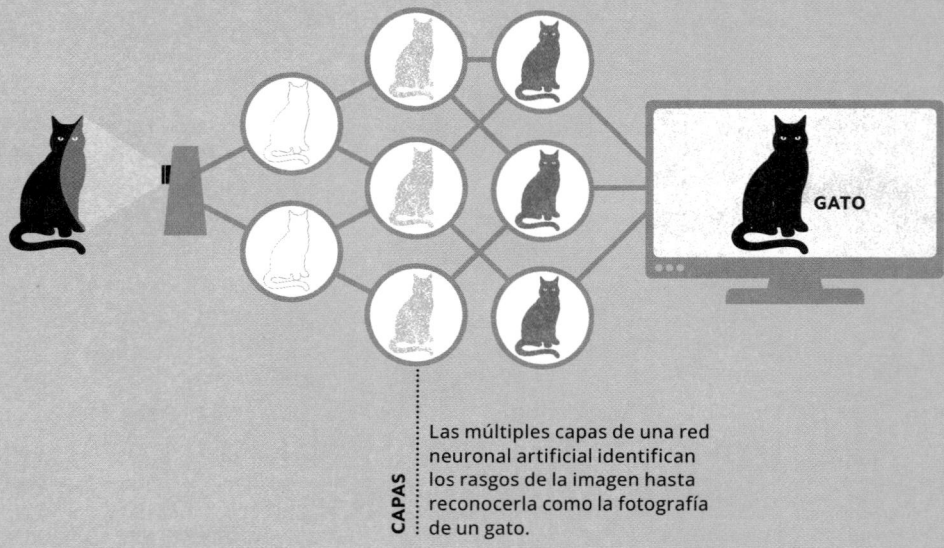

CAPAS Las múltiples capas de una red neuronal artificial identifican los rasgos de la imagen hasta reconocerla como la fotografía de un gato.

La visión de computadoras consiste en dotar a una máquina de la capacidad para reconocer imágenes y vídeos como, por ejemplo, lograr que entienda que una disposición determinada de píxeles está asociada a la fotografía de un gato. La ingeniería de visión de computadoras aspira a automatizar las tareas ejecutadas por los sistemas visuales biológicos, como el ojo humano, y ciertas partes del sistema nervioso. El advenimiento del aprendizaje profundo (véase p. 86) por medio de redes neuronales artificiales (véase p. 76) con múltiples capas y la disponibilidad de grandes conjuntos de datos de entrenamiento en la red han permitido grandes avances. La visión de computadoras se aplica en áreas como el reconocimiento facial (véase p. siguiente).

RECONOCIMIENTO FACIAL

El reconocimiento facial es una forma de visión de computadoras (véase p. anterior) que empareja fotografías o vídeos de rostros humanos con otros almacenados en un banco de datos. Se captura la imagen de una cara y se registran sus rasgos distintivos, como la distancia entre los ojos, para crear una «huella facial» exclusiva que luego se compara con huellas faciales conocidas. El reconocimiento facial se usa en tareas de seguridad, como el proceso de autenticación para el desbloqueo de teléfonos inteligentes, o para la aplicación de la ley identificando a una persona en un banco de datos de delincuentes.

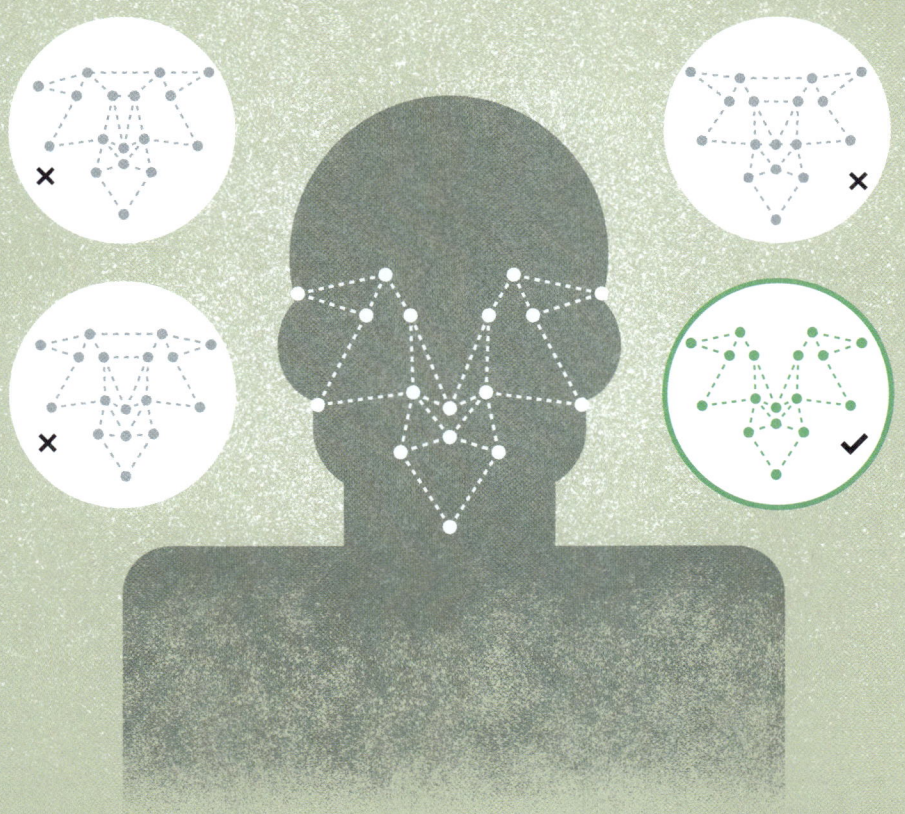

COMPRENDER LAS PALABRAS

Que las computadoras consigan «comprender» y producir un lenguaje natural (el lenguaje tal y como lo hablan y lo escriben las personas) es fundamental para emular la inteligencia humana (véanse pp. 130-131). El procesamiento del lenguaje natural es el campo de investigación que desarrolla esta capacidad, y combina IA, lingüística y otras disciplinas. En la década de 1950 se emulaba la «inteligencia lingüística» dando a las computadoras reglas para categorizar el lenguaje. Ahora se han logrado grandes avances integrando el aprendizaje de máquinas y los datos masivos (véase p. 33) en el procesamiento del lenguaje natural aplicando el aprendizaje profundo. Entre sus numerosas aplicaciones se encuentran la traducción automática y la asistencia virtual.

Componentes del procesamiento del lenguaje natural
El procesamiento del lenguaje consta de cinco componentes que implican organizar letras para formar palabras e interpretar el significado que se pretende dar a las frases.

Análisis léxico
Se estructura un ejemplo concreto de lenguaje natural en palabras, frases y párrafos.

Análisis sintáctico
Aplicación de las reglas formales de la gramática al lenguaje natural.

Análisis semántico
Se determina el significado literal de las palabras en un ejemplo concreto de lenguaje natural.

Discurso integrado
Se analiza el significado de frases consecutivas para dar contexto a palabras y frases.

Análisis pragmático
Se interpretan las intenciones que subyacen al texto más allá de las palabras y las frases.

IA INTÉRPRETE

La traducción automática consiste en utilizar la IA para la traducción de textos o de lenguaje hablado de una lengua a otra. La traducción es un asunto muchísimo más complejo que la simple labor de sustituir cada palabra por su equivalente en otro idioma. Por lo tanto, la traducción automática se usa más como una herramienta que para sustituir la mente humana. Existen tres aproximaciones amplias: la «traducción basada en reglas» emplea las normas lingüísticas, como la gramática y la sintaxis; la «traducción estadística» recurre a las relaciones conocidas entre palabras para predecir frases completas; y la «traducción neuronal» se basa en redes neuronales artificiales (véase p. 76) entrenadas para comprender los idiomas.

TRADUCCIÓN AUTOMÁTICA EN ACCIÓN

Traducción basada en reglas
Proporciona una traducción rápida pero elemental. El texto y el discurso hablado resultantes se entienden, pero suelen requerir modificaciones posteriores.

Traducción estadística
Predice palabras y frases, así que no es del todo exacta. El texto traducido suele requerir cambios.

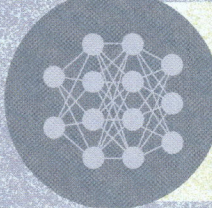

Traducción neuronal
Brinda traducciones precisas y que van mejorando día a día. Entrenar las redes neuronales con este fin requiere grandes cantidades de datos y es muy costoso.

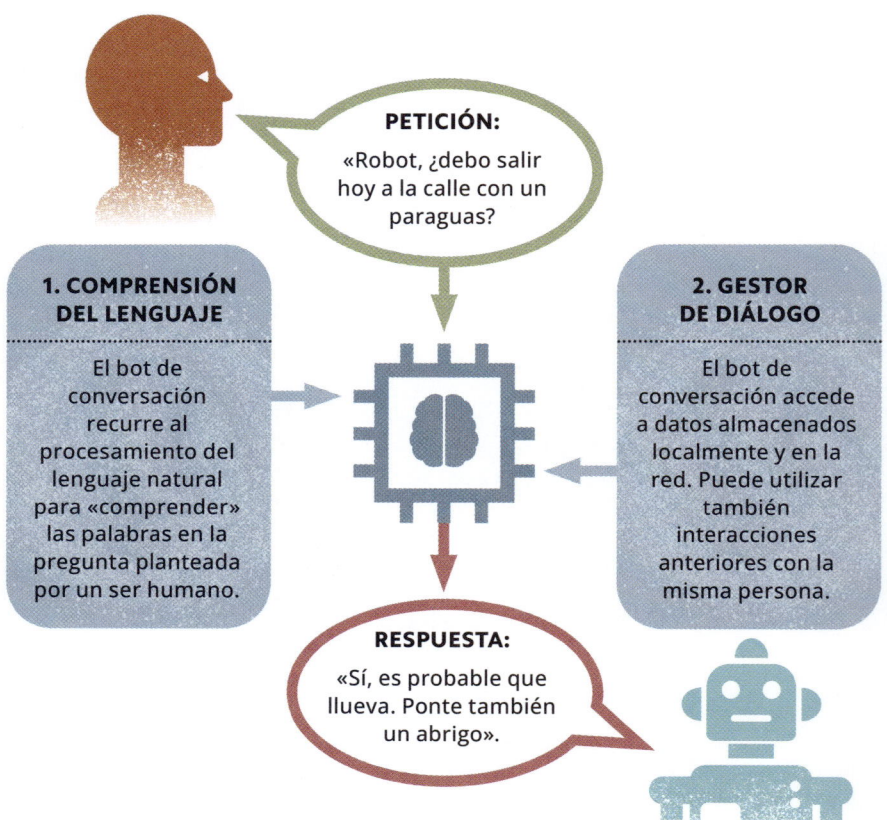

1. COMPRENSIÓN DEL LENGUAJE

El bot de conversación recurre al procesamiento del lenguaje natural para «comprender» las palabras en la pregunta planteada por un ser humano.

PETICIÓN:

«Robot, ¿debo salir hoy a la calle con un paraguas?

2. GESTOR DE DIÁLOGO

El bot de conversación accede a datos almacenados localmente y en la red. Puede utilizar también interacciones anteriores con la misma persona.

RESPUESTA:

«Sí, es probable que llueva. Ponte también un abrigo».

AL HABLA CON LA IA

Los bots de conversación de los asistentes virtuales (véase p. 116) son programas que mantienen charlas a través de texto o respondiendo con texto a peticiones orales. El procesamiento del lenguaje natural (véase p. 112) ayuda a los bots de conversación a imitar el habla humana. Estos programas se basan tanto en IA clásica como en IA estadística, o en una combinación de ambas (véanse pp. 54-55), y los hay de distintos niveles de complejidad. Los negocios en internet suelen ofrecer bots de conversación elementales, que responden preguntas sencillas de la clientela. Sin embargo, los bots conversacionales más sofisticados, como ChatGPT (véase p. siguiente) crean la sensación de responder con inteligencia.

IA AUTORA

Los grandes modelos de lenguaje son un tipo de IA generativa (véase p. 117) capaz de producir texto de una calidad indistinguible del creado por seres humanos. Funcionan con la predicción repetitiva de la palabra siguiente que debe aparecer en una secuencia, y se caracterizan por sus enormes dimensiones y por haber sido entrenados con bancos de datos de cientos de miles de millones de palabras. Contienen miles de millones de pesos (véase p. 78). Se usan en aplicaciones de conversación como ChatGPT, Google Bard y Bing Chat. Generan textos que imitan los de creación humana, pero su contenido factual no es correcto, porque el modelo se ha entrenado con datos repletos de errores y sesgos (véase p. 142).

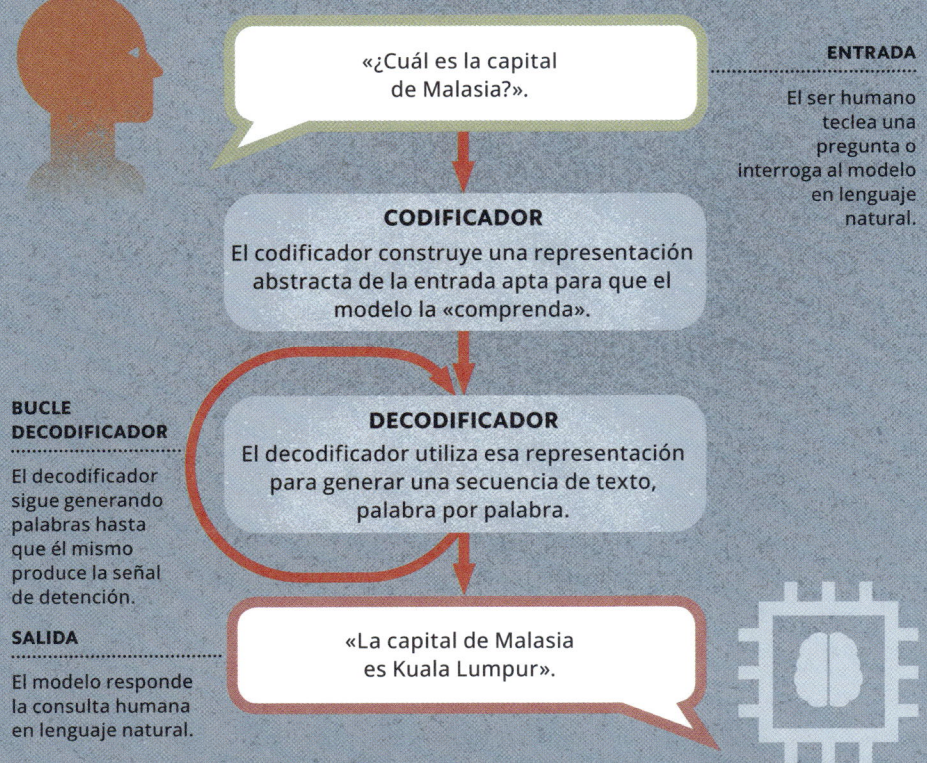

«¿Cuál es la capital de Malasia?».

ENTRADA

El ser humano teclea una pregunta o interroga al modelo en lenguaje natural.

CODIFICADOR

El codificador construye una representación abstracta de la entrada apta para que el modelo la «comprenda».

BUCLE DECODIFICADOR

El decodificador sigue generando palabras hasta que él mismo produce la señal de detención.

DECODIFICADOR

El decodificador utiliza esa representación para generar una secuencia de texto, palabra por palabra.

SALIDA

El modelo responde la consulta humana en lenguaje natural.

«La capital de Malasia es Kuala Lumpur».

IA AYUDANTE

Un asistente virtual es un programa o dispositivo que utiliza oído de máquinas (véase p. 109) y procesamiento del lenguaje natural (véase p. 112) para ejecutar tareas a demanda, como búsquedas en internet, reproducir música o configurar despertadores y alarmas. Los asistentes virtuales básicos son, en el fondo, bots conversacionales (véase p. 114), mientras que los modelos más complejos interaccionan con otros dispositivos inteligentes, a través del internet de las cosas (véase p. 104), para activar sistemas como el alumbrado o la calefacción del hogar. Muchos asistentes virtuales recurren a la nube y utilizan la voz para un entrenamiento permanente, lo que les permite mejorar las predicciones adaptándolas a las necesidades y preferencias de la persona.

PROCESAMIENTO DE AUDIO
El oído de máquinas convierte el audio en texto.

PROCESAMIENTO DEL LENGUAJE
El procesamiento de lenguaje natural relaciona la tarea solicitada con comandos ejecutables.

ENTRADA HUMANA
El ser humano formula un comando de viva voz, como «enciende la luz».

SALIDA
El asistente ejecuta la tarea a través del internet de las cosas.

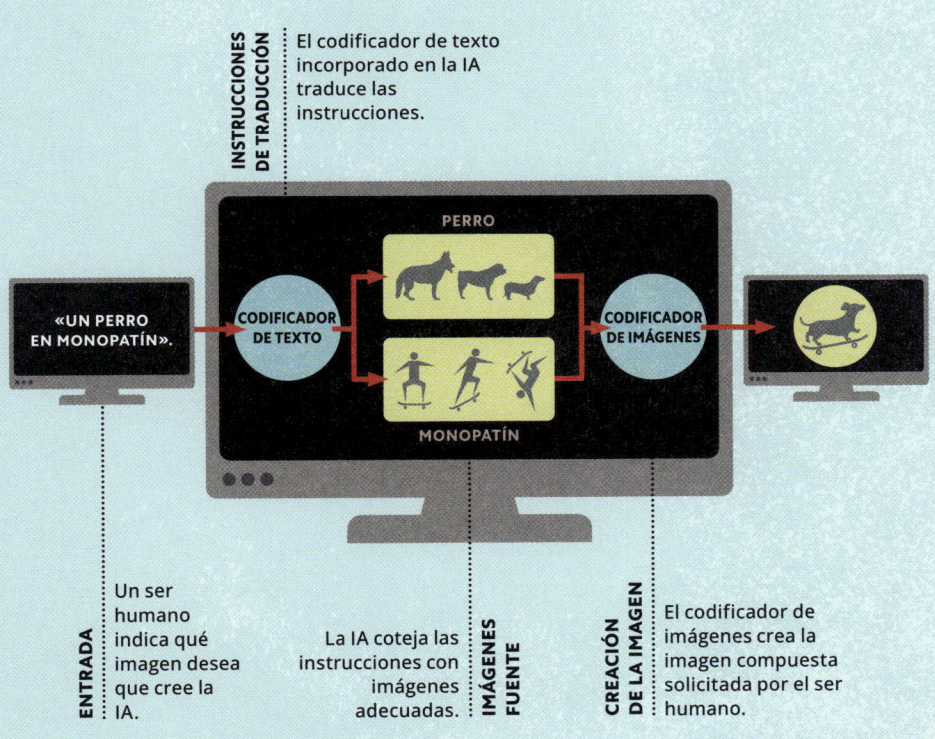

INSTRUCCIONES DE TRADUCCIÓN
El codificador de texto incorporado en la IA traduce las instrucciones.

PERRO

«UN PERRO EN MONOPATÍN».

CODIFICADOR DE TEXTO

CODIFICADOR DE IMÁGENES

MONOPATÍN

ENTRADA
Un ser humano indica qué imagen desea que cree la IA.

IMÁGENES FUENTE
La IA coteja las instrucciones con imágenes adecuadas.

CREACIÓN DE LA IMAGEN
El codificador de imágenes crea la imagen compuesta solicitada por el ser humano.

IA ARTISTA

La IA generativa es el campo dedicado a la síntesis de contenido nuevo, como imágenes, audio, texto o vídeo, a partir de una entrada en cualquiera de esos formatos. Por ejemplo, un modelo de IA generativa se puede entrenar para que produzca la imagen de una jirafa de dibujos animados si se le solicita mediante la entrada de texto «jirafa de dibujos animados». Las IA de generación de imágenes existen desde la década de 1960 y recurren a diversas técnicas clásicas y estadísticas. Sin embargo, en tiempos recientes las redes generativas contrapuestas (véase p. 87) han resultado ser «artistas» tan eficaces que han fomentado el debate sobre si el arte puede considerarse una actividad exclusivamente humana.

ROBOTS INTELIGENTES

Las IA diseñadas para interactuar físicamente con el entorno se conocen como «IA encarnadas». Entre ellas se encuentran los robots, que emulan no solo la inteligencia cognitiva humana, sino también el comportamiento físico humano. Lo logran con la ayuda de sensores, motores y otros dispositivos que les permiten percibir (véase p. 108), moverse (véase p. 120) y actuar (véase p. 121) en el entorno tridimensional. Construir máquinas así supone un gran paso adelante en IA, porque buena parte de lo que se considera la inteligencia humana guarda relación con la capacidad de interactuar con el entorno. La IA encarnada incluye las aspiradoras robóticas y las máquinas cortacésped autónomas.

IA ACOMPAÑANTE

Un robot social es una IA encarnada (véase p. anterior) capaz de interactuar socialmente con personas por medio de la palabra, el movimiento, expresiones faciales y otros comportamientos de tipo humano. Los robots sociales tienen sus limitaciones como acompañantes, porque es difícil replicar muchas capacidades humanas básicas, como la manipulación de objetos (véanse pp. 52-53) o la comprensión del tono de la voz. Tradicionalmente se han considerado curiosidades extravagantes, pero a veces se utilizan en la atención sanitaria y social para aliviar la soledad, la depresión y la ansiedad. Aunque los hay de todas las formas y tamaños, la mayoría de los robots sociales tienen estructura corporal humana.

MOVIMIENTO Y MOVILIDAD

Muchos robots permanecen en posiciones estáticas, como cadenas de montaje, pero hay otros, como los drones, que se mueven y exploran el entorno. Estos robots móviles cuentan con diversos grados de autonomía: algunos están sometidos a control remoto de personas, mientras que otros pueden ir sin intervención humana. Un robot totalmente autónomo necesita una IA capaz de procesar los datos proporcionados por sensores como cámaras ópticas y sistemas lidar (véase p. 122) para planificar el recorrido.

(véase p. 122)

APRENDIZAJE

Un bucle de retroacción mejora las prestaciones de la IA.

PERCEPCIÓN
Sensores como cámaras recolectan información del entorno.

FUSIÓN
Una IA organiza la información para construir un modelo del entorno.

PERCEPCIÓN
La IA identifica su propia ubicación y destino a partir de información sensorial.

PLANIFICACIÓN
Tras estudiar el modelo, la IA planea el camino óptimo hasta el destino.

CONTROL
La IA guía el robot por entre los objetos del entorno hasta que alcanza el destino deseado.

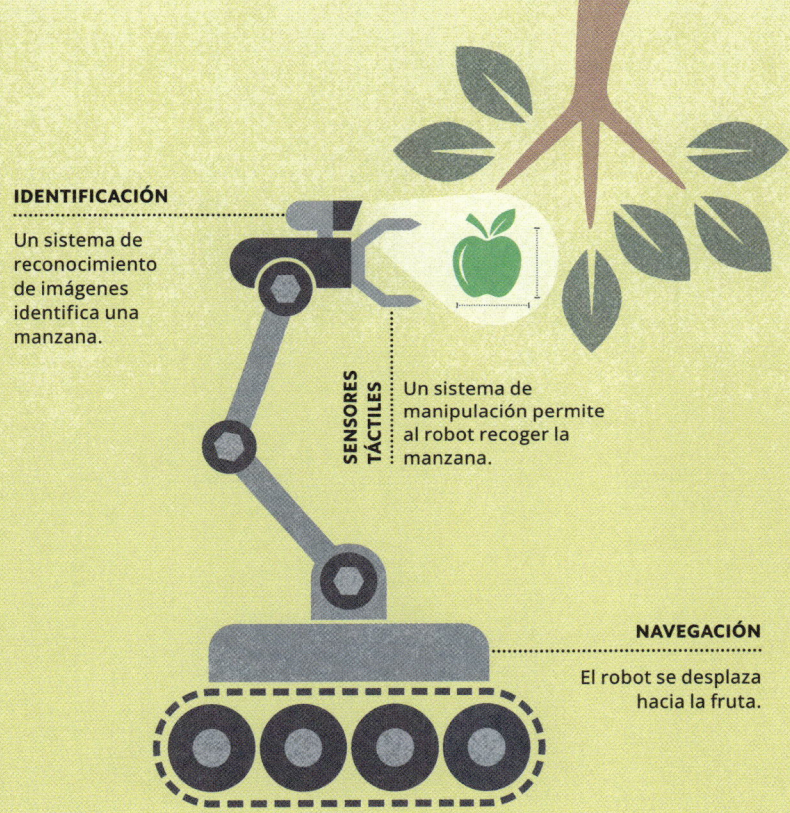

IDENTIFICACIÓN

Un sistema de reconocimiento de imágenes identifica una manzana.

SENSORES TÁCTILES

Un sistema de manipulación permite al robot recoger la manzana.

NAVEGACIÓN

El robot se desplaza hacia la fruta.

DESTREZA MANUAL

Uno de los mayores desafíos para la robótica consiste en construir máquinas capaces de interactuar físicamente con el entorno. Ejecutar incluso las acciones humanas más simples, como recoger una manzana de un árbol, requiere que el robot posea un sentido de la vista excelente y un tacto tan bueno como para que aplique la presión justa para manipular el objeto en cuestión de la manera adecuada. En la actualidad se utilizan muchos robots de este tipo en entornos controlados, como fábricas, pero es posible que pronto se vuelvan lo bastante sofisticados como para ayudar en las tareas domésticas del hogar.

AUTOS SIN CONDUCTOR

Los vehículos autónomos son ejemplos de robots móviles (véase p. 120). Sus sistemas incluyen sensores, IA y actuadores (véase p. 27) para ayudar, o incluso sustituir por completo, al conductor, sea en tierra, mar o aire. Los automóviles «sin conductor» o «sin chofer» son una categoría de vehículos autónomos en desarrollo, aunque ya están disponibles autos con tecnología semiautónoma, lo cual suscita cuestiones legales y éticas complejas, tales como quién sería responsable de los accidentes provocados por automóviles controlados por IA (p. 152).

RADAR — El radar detecta otros vehículos y calcula su velocidad, distancia y dirección de movimiento.

LIDAR — El escaneo con láser genera un mapa en 3D del entorno del vehículo.

CÁMARA — Una cámara lee las señales de tráfico e identifica el color de los semáforos.

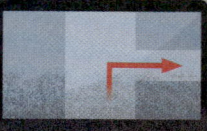

POSICIONAMIENTO GLOBAL

Un receptor de posicionamiento global registra la posición del vehículo y traza la mejor ruta.

Percepción de la carretera
Una computadora central analiza los datos de múltiples sensores y permite al vehículo «comprender» el entorno en que se desplaza.

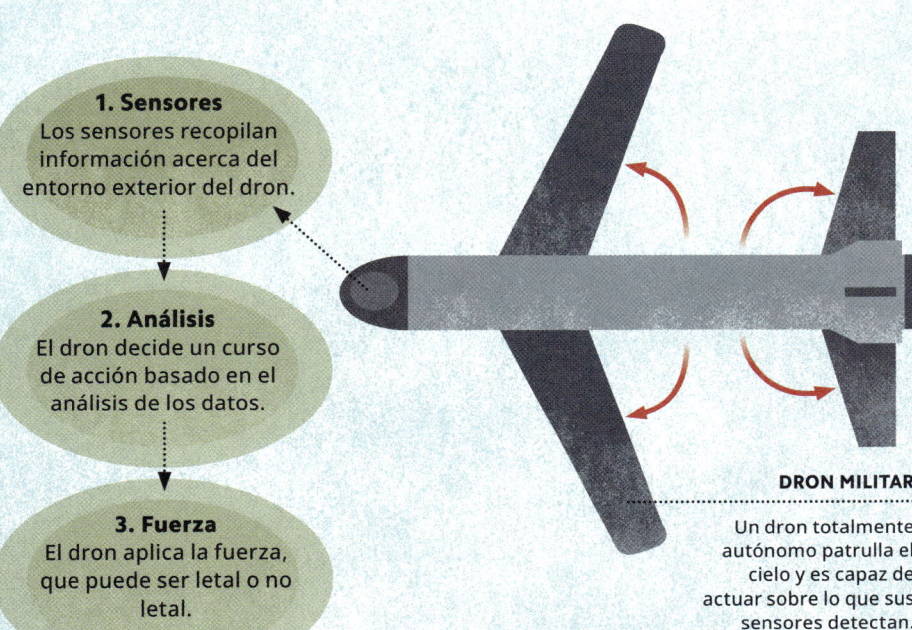

1. Sensores
Los sensores recopilan información acerca del entorno exterior del dron.

2. Análisis
El dron decide un curso de acción basado en el análisis de los datos.

3. Fuerza
El dron aplica la fuerza, que puede ser letal o no letal.

DRON MILITAR

Un dron totalmente autónomo patrulla el cielo y es capaz de actuar sobre lo que sus sensores detectan.

INTELIGENCIA ARTIFICIAL Y GUERRA

Los ejércitos impulsan buena parte de la innovación en IA. Esto ha llevado a la producción de sistemas autónomos sofisticados capaces de ejecutar tareas militares con escasa intervención humana o incluso sin ella. Hay sistemas, como los drones de reconocimiento, que no son letales. Otros, como los cañones de vigilancia, son armas letales de pleno derecho, capaces de identificar, apuntar y disparar sobre objetivos. Se debate mucho sobre si habría que prohibir el despliegue de armas letales totalmente autónomas, las cuales permiten una respuesta muy rápida porque suprimen la necesidad de que un ser humano dé la orden final de ataque.

LA FILOSO
INTELIGE
ARTIFIC

FIA DE LA NCIA IAL

La IA se diseña para que emule el comportamiento humano, para que calcule tal como hacemos las personas o, en el caso de los androides, para que interactúe con el entorno con una agilidad humana. Sin embargo, a medida que los sistemas de IA se van haciendo más sofisticados surge la duda de dónde situar la frontera entre lo natural y lo artificial. ¿En qué momento cabría afirmar que una IA es, de hecho, una persona? Si poseen todas las cualidades de un ser humano, ¿hay que reconocerles derechos? La filosofía de la IA aborda este interrogante crucial. Analiza los conceptos de libre albedrío y consciencia, y pregunta cuál es la diferencia entre una inteligencia humana y otra construida por seres humanos.

IA CASI HUMANA

Para muchas personas que investigan en esta materia, el objetivo definitivo del trabajo en IA consiste en construir una inteligencia artificial general, aunque es posible que no se logre nunca. Una IA general sería tan inteligente como una persona y podría contar, incluso, con otras facultades humanas, como emociones o consciencia. Otro nombre para la IA general es «IA fuerte», una designación opuesta a «IA débil», que haría referencia al resto de inteligencias artificiales, desarrolladas para acometer tareas específicas. A diferencia de la IA débil, una IA general contaría con algo parecido a la intuición, la capacidad de saber si algo es cierto sin recurrir para ello al razonamiento consciente.

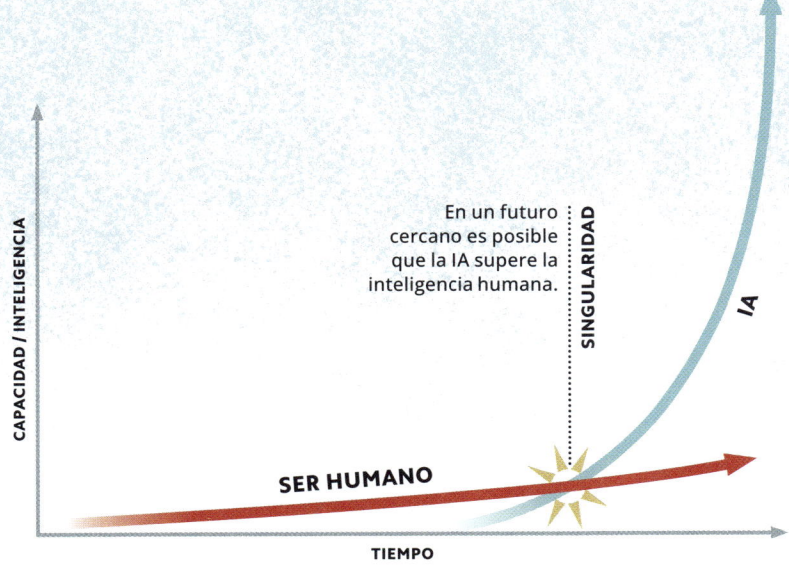

En un futuro cercano es posible que la IA supere la inteligencia humana.

SINGULARIDAD

IA

SER HUMANO

CAPACIDAD / INTELIGENCIA

TIEMPO

EL PUNTO DE NO RETORNO

En cosmología, una «singularidad» es un punto del espacio donde fracasan las leyes conocidas de la física y surge un fenómeno conocido como «agujero negro». En IA, la singularidad es el nombre dado al instante temporal en el que una máquina se hará igual de inteligente que las personas que la construyeron y, por tanto, será lo bastante lista como para mejorarse a sí misma. Una máquina así sería capaz de funcionar con la enorme velocidad característica de las supercomputadoras y, así, iría adquiriendo progresivamente capacidades increíbles, incluyendo la de diseñar por sí misma otra IA. La singularidad podría, por tanto, transformar el mundo de modos que simplemente no alcanzamos a predecir.

¿DÓNDE RESIDE LA CONSCIENCIA?

La filosofía ha debatido a lo largo de los siglos la cuestión de cómo interactúan entre sí la mente y el cerebro o, en un sentido más amplio, cómo es posible que en el mundo físico exista algo como la consciencia. El debate se intensificó en el siglo XVII, cuando se propuso que el universo es como una máquina, un mecanismo de relojería cuyo funcionamiento es, en principio, predecible. Sin embargo, el filósofo alemán Gottfried Leibniz (1646-1716) señaló que si el mundo físico es mecánico, entonces el cerebro humano debe estar ligado al resto del cuerpo mediante piezas que serían el equivalente biológico de cuerdas y poleas. Pero, en tal caso, argumentaba, en el cerebro no hay lugar para la consciencia, algo cuya explicación, según él, no era posible en términos mecánicos.

Máquina
Según Leibniz, ninguna estructura física, como una IA, tiene consciencia, puesto que todo lo relacionado con ella puede explicarse en términos físicos.

Ser humano
El argumento de Leibniz se aplica al cerebro humano, porque es de una naturaleza física, por lo que la consciencia resulta irrelevante para su funcionamiento.

Hoy
día hay una corriente
científica que considera fútil el
debate acerca del modo en que la mente
interactúa con el cuerpo (véase p. anterior), y
que defiende que la mente no es más que el
cerebro en funcionamiento, el equivalente a un
programa que se ejecuta en el soporte material del
cerebro. Este planteamiento se conoce como
«funcionalismo», y el informático neerlandés Edsger Dijkstra
(1930-2002) lo resumió así: «Plantearse si las computadoras
piensan es como preguntarse si los submarinos nadan». En
otras palabras, decir o no que una IA «piensa» o tiene
«consciencia» no es más que una cuestión de convención
lingüística, y no de descubrimiento científico. El
funcionalismo se centra en lo que hacen las cosas,
más que en lo que son. Por eso, afirman, si
alguien quiere afirmar que los submarinos
«nadan», entonces nadan.

¿NADAN LOS SUBMARINOS?

EL JUEGO DE IMITACIÓN

Alan Turing (véanse pp. 18-19) ideó una prueba, conocida ahora como el test de Turing, que proporciona criterios para decidir si una máquina es o no inteligente. La prueba se basa en un juego de salón victoriano en el que una persona esclarece si otra, oculta tras un biombo, es hombre o mujer, y lo hace a partir de las respuestas que da a ciertas preguntas. En este test tanto una persona como una computadora están ocultos tras una pantalla mientras otro ser humano, un examinador, les plantea problemas matemáticos. Si los dos conjuntos de respuestas son correctos, entonces el examinador humano no sabrá decir quién es la computadora y quién la persona. Así la computadora habrá superado la prueba y se afirmará que es inteligente.

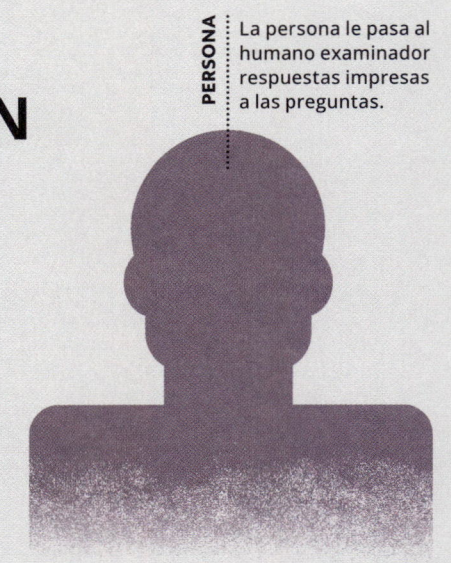

PERSONA

La persona le pasa al humano examinador respuestas impresas a las preguntas.

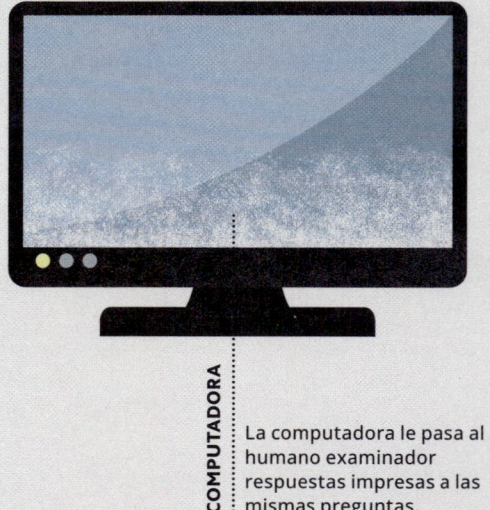

COMPUTADORA

La computadora le pasa al humano examinador respuestas impresas a las mismas preguntas.

Un humano examinador compara las respuestas impresas de la persona y de la computadora.

«Si esperamos que una máquina sea infalible, entonces no podrá ser, a la vez, inteligente».
Alan Turing

HUMANO EXAMINADOR

¿Logrará identificar qué respuestas proceden de la computadora y cuáles de la persona?

LA MEDIDA DE LA INTELIGENCIA

El test de Turing (véanse pp. 130-131) es la prueba de inteligencia más conocida, pero no la única. El «test del café», orientado a robots con IA, plantea si sería capaz de preparar un café un robot colocado en cualquier lugar de la casa de una persona elegida al azar. El «test de Ikea» («flatpack test») reta a los robots con IA a montar un mueble desarmado sin ayuda. Finalmente, el «test laboral» se pregunta si una IA de categoría humana podría reemplazar a una persona para un trabajo particular (véase p. 146).

«La inteligencia de las máquinas es el último invento que desarrollará la humanidad».
Nick Bostrom

MÁQUINAS Y ENTENDIMIENTO

El filósofo estadounidense John Searle (1932-) refutó la idea de que las máquinas puedan pensar con el argumento de que estos aparatos, aunque siguen reglas, son incapaces de entenderlas (véanse pp. 130-131). Lo explicó con el experimento mental de la habitación china, en el que Searle imaginaba a una persona encerrada en una sala y recibiendo preguntas planteadas en chino. Si esta persona dispusiera del libro de reglas adecuado, sería capaz de responder todas las preguntas por escrito sin entender en realidad ni las preguntas ni las respuestas. Searle concluía que afirmar que una computadora piensa equivale a decir que la persona encerrada en la habitación sabe chino.

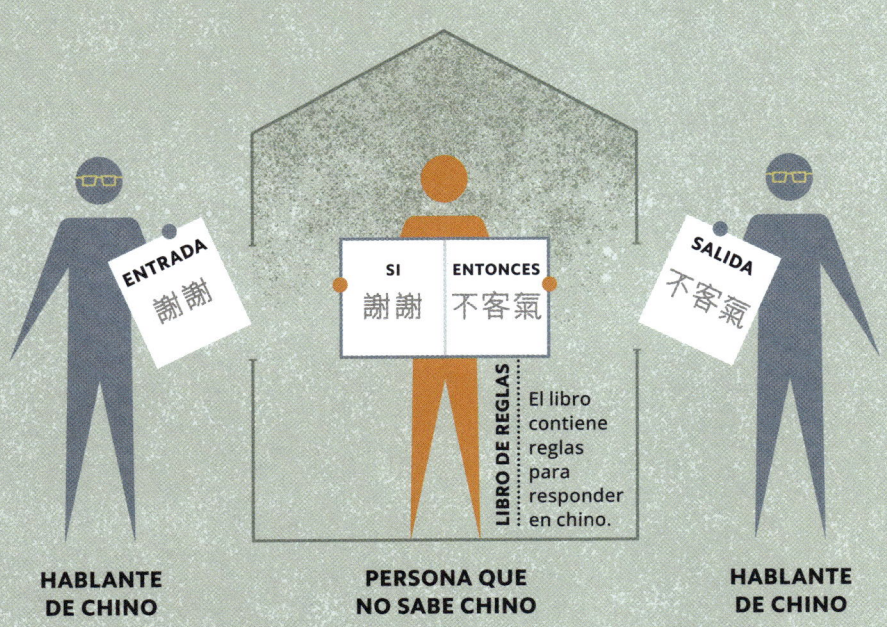

HABLANTE DE CHINO

ENTRADA
謝謝

SI — ENTONCES
謝謝 — 不客氣

LIBRO DE REGLAS

El libro contiene reglas para responder en chino.

PERSONA QUE NO SABE CHINO

SALIDA
不客氣

HABLANTE DE CHINO

ZOMBIS FILOSÓFICOS

La filosofía se pregunta si la IA podría llegar a desarrollar consciencia (véanse pp. 128-129) o a tener vida en el mismo sentido en que se aplica a los organismos biológicos. Hay quien afirma que tales logros son imposibles, porque las IA son mecánicas y están diseñadas para imitar el comportamiento humano. Si esto fuera cierto, entonces incluso las IA más parecidas a cosas vivas (véase p. 126) serían como zombis: sin «mundo interior» y simularían tener emociones, intereses, preferencias u opiniones.

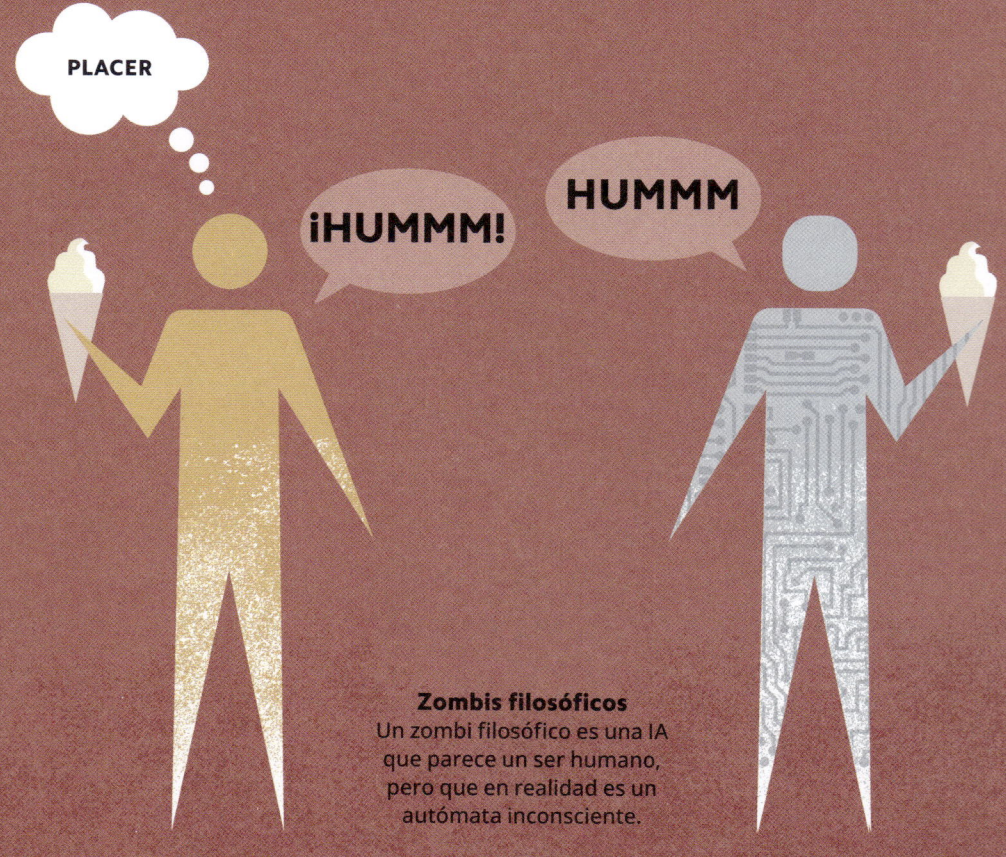

Zombis filosóficos
Un zombi filosófico es una IA que parece un ser humano, pero que en realidad es un autómata inconsciente.

UN NUEVO TIPO DE PERSONA

Hay quienes defienden que llegará el día en que las IA se asemejen tanto a entes vivientes que habrá que tratarlas como a seres humanos. Afirman que, como a los seres humanos se les reconocen derechos en virtud de su libre albedrío, las IA que superaran un «test de libre albedrío» deberían gozar de la misma protección legal. Esto significaría que, en el futuro, una IA podría reclamar derechos de propiedad intelectual o incluso ser condenada por cometer errores. Desde un punto de vista legal, una IA de este tipo ya no sería una máquina, sino una persona: se convertiría en un nuevo tipo de ser humano.

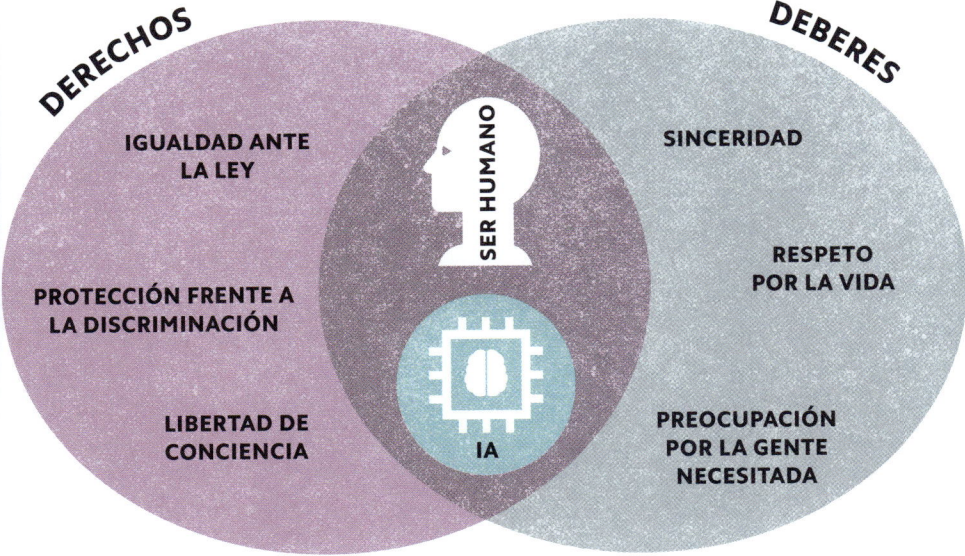

Personalidad jurídica
Si una IA es tratada como una persona, se le podrían reconocer tanto derechos como deberes.

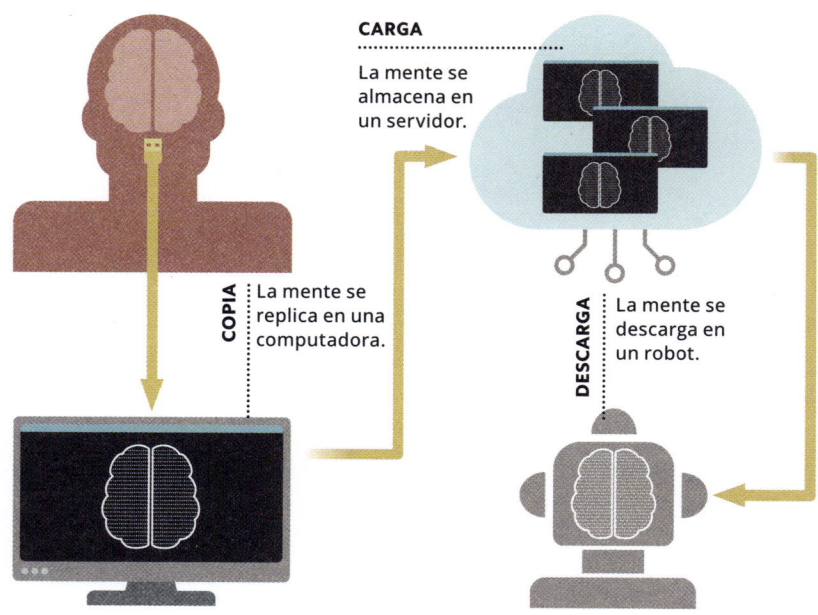

CARGA
La mente se almacena en un servidor.

COPIA
La mente se replica en una computadora.

DESCARGA
La mente se descarga en un robot.

REPLICAR
LA MENTE

De acuerdo con el principio de realizabilidad múltiple (véase p. 20), es posible ejecutar, o «realizar», idénticos programas informáticos en diferentes dispositivos. El computacionismo (véase p. 12) defiende que el pensamiento humano es computable y que, por tanto, podría ejecutarlo una máquina igual que lo hace el cerebro. Si esto fuera cierto, entonces sería posible escribir un programa que replicara la mente humana que, entonces, podría copiarse y transferirse como cualquier otro programa. Esto significa que la mente de un ser humano se podría cargar en un servidor remoto para luego descargarla en un robot, y se podría duplicar un sinfín de veces.

Interacción persona-persona
Cada cual conoce el significado de la palabra «escarabajo», pero no puede tener la certeza de que signifique lo mismo para otra persona.

PENSAMIENTO TRANSPARENTE

El filósofo Ludwig Wittgenstein (1889-1951) explicaba que los pensamientos de una persona son como cosas guardadas en una caja cerrada, una caja en cuyo interior solo puede «mirar» quien la posee. Jamás sabremos lo que piensa otra persona, o el significado exacto que las cosas tienen para ella, porque su «caja» nos está vedada. En cambio, sería posible examinar la inteligencia de una máquina de maneras imposibles de aplicar a una mente humana. Cuando la máquina afirmara que está pensando en un escarabajo sería posible examinar su programa («abrir la caja») y comprobar a qué se está refiriendo exactamente con «escarabajo». Estos avances podrían, a su vez, arrojar luz sobre los mecanismos de la consciencia y el pensamiento humanos.

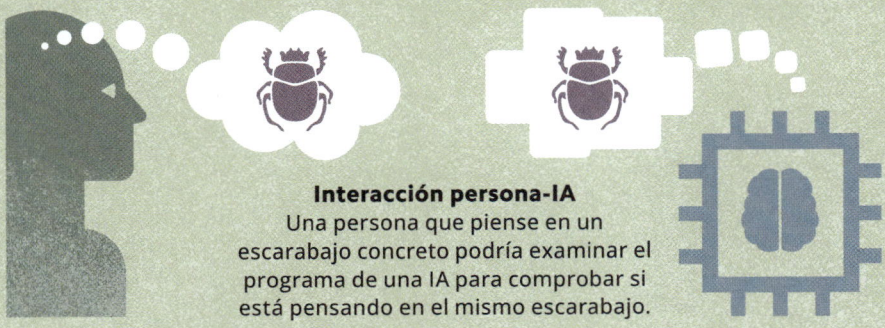

Interacción persona-IA
Una persona que piense en un escarabajo concreto podría examinar el programa de una IA para comprobar si está pensando en el mismo escarabajo.

CONVIV

INTELIGE

ARTIFIC

IR CON LA
NCIA
IAL

Al igual que el motor de combustión interna o internet, la IA es una tecnología que nos está cambiando la vida. La única pregunta es: ¿cómo adaptarnos a ella? La sociedad ya está bregando con el desempleo tecnológico causado por la IA, con sesgos algorítmicos que acentúan las desigualdades o con un tipo de conflicto totalmente nuevo: la guerra digital. Hay quien afirma, incluso, que la IA supone una amenaza para nuestra especie. Sin embargo, la IA también podría mejorarnos la vida de un modo inconmensurable, en especial en los ámbitos de la medicina, las finanzas y la agricultura. Un objeto de debate apremiante y aún sin resolver es cómo asegurarnos de que la IA solo se utilice en todo momento para el bien.

¿MITO O REALIDAD?

A veces se usa el término IA para emitir afirmaciones exageradas acerca de los riesgos o beneficios potenciales del aprendizaje de máquinas (véanse pp. 58-59). Algunos de estos mitos sobre la IA infunden temor, predicen que llegarán los robots asesinos, algoritmos malvados y otros peligros existenciales (véase p. 154). Otros magnifican el poder del aprendizaje de máquinas y tratan la IA como un «agente» capaz de pensar por su cuenta y de manera objetiva. En realidad, los sistemas de IA tienen capacidades que son limitadas y específicas y carecen de pensamiento independiente, pues son capaces de hacer aquello para lo que han sido programados. La IA mejorará en prestaciones con el tiempo, pero solo supondrá un riesgo para la humanidad si los seres humanos lo hacemos posible. Las únicas amenazas verdaderas de la IA residen en los sesgos, intenciones y limitaciones de quienes la programan, y de los datos con los que se entrenan (véanse pp. 142-145).

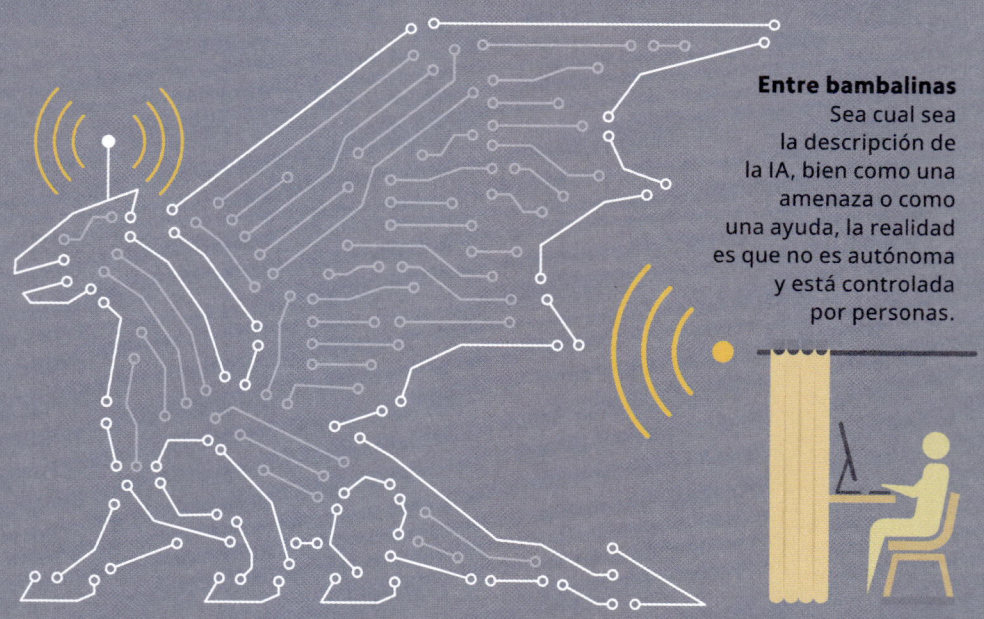

Entre bambalinas
Sea cual sea la descripción de la IA, bien como una amenaza o como una ayuda, la realidad es que no es autónoma y está controlada por personas.

¿ALIMENTADA POR LA EXPLOTACIÓN?

Tras la IA actual se esconden cantidades ingentes de trabajo humano, millones de personas que entrenan sistemas de IA (etiquetando imágenes o marcando contenidos inadecuados). Esta fuerza de trabajo radica en países con salarios bajos y escasos derechos laborales, lo que contrasta con el sueldo de los ingenieros de estos proyectos. Se esgrime, como crítica, que la IA, en lugar de liberar a la gente del trabajo penoso (véase p. 155) provoca lo contrario. La IA generativa (véanse pp. 115 y 117) se basa en datos «rapiñados» de internet, incluidos materiales protegidos por derechos de autor, como libros u obras de arte, y sin que medien ni el consentimiento ni una compensación y que, al final, van a tener a la IA entrenada como una competidora en su propio trabajo.

Una fuerza de trabajo invisible
Muchas de las IA más sofisticadas son entrenadas por una fuerza de trabajo mal pagada y que ejecuta tareas repetitivas.

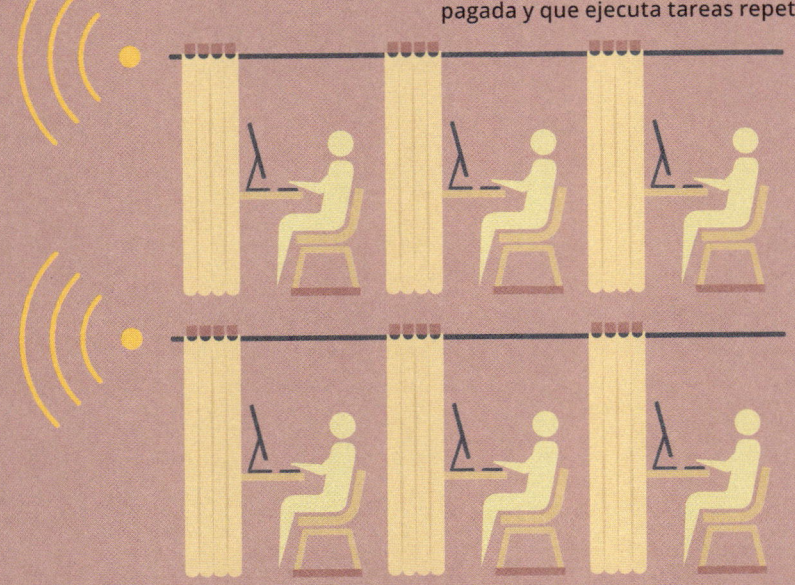

DATOS DE ENTRADA La red se entrena con datos erróneos.

RED DE APRENDIZAJE DE MÁQUINAS

DATOS DE SALIDA La red produce resultados malos.

SI ENTRA BASURA, SALE BASURA

Las redes de aprendizaje de máquinas (véanse pp. 58-59) solo son tan buenas como los datos con que se entrenan. La causa más frecuente de que los sistemas de IA brinden resultados erróneos es el entrenamiento con datos de mala calidad, lo que incluye datos incompletos, mal etiquetados, repletos de errores o sesgados (véase p. siguiente). Por ejemplo, los sistemas de IA predictiva (véanse pp. 70-71) entrenados con historiales inconsistentes o incorrectos generarán predicciones inútiles. En el campo de la informática, la idea de que una entrada mala produce salidas malas se suele resumir, de manera informal, con la expresión: «Si entra basura, sale basura».

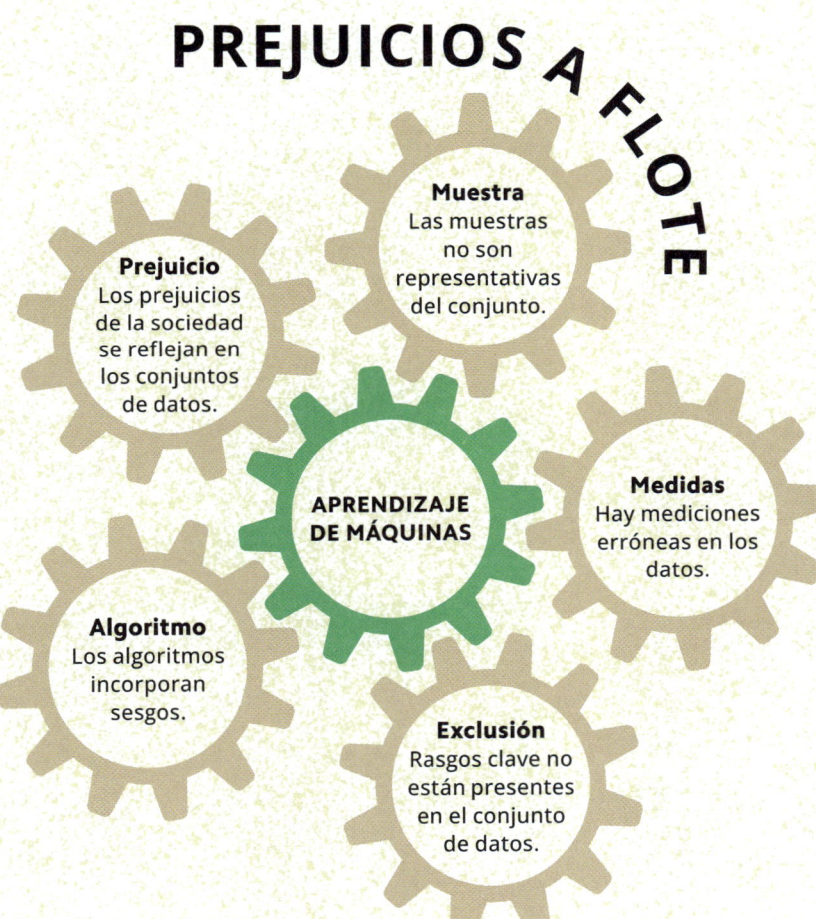

PREJUICIOS A FLOTE

Muestra
Las muestras no son representativas del conjunto.

Prejuicio
Los prejuicios de la sociedad se reflejan en los conjuntos de datos.

APRENDIZAJE DE MÁQUINAS

Medidas
Hay mediciones erróneas en los datos.

Algoritmo
Los algoritmos incorporan sesgos.

Exclusión
Rasgos clave no están presentes en el conjunto de datos.

El término «sesgo de IA» describe la producción de resultados que son injustos para grupos particulares de personas. Los sesgos de IA reflejan prejuicios presentes en la sociedad acerca de género, etnia, cultura, edad… Los sesgos proceden de los programadores, y se cuelan a través de los algoritmos y de su interpretación de los resultados, aunque también están presentes en los datos que se usan para entrenar las IA (véase p. anterior). Para combatir esto, los modelos se someten a pruebas para que los sesgos sonales no se reflejen y se emplean bancos de datos representativos.

SABER DE TI

En el contexto de la IA se llama «perfil» al conjunto de datos que predicen los deseos, opiniones y acciones de una persona a partir de sus datos personales. Las herramientas de aprendizaje de máquinas se entrenan con grandes bancos de datos para hacer que las IA se conviertan en expertas predictoras de, por ejemplo, el tipo de contenidos que una persona querría consultar teniendo en cuenta su historial de navegación. Sin embargo, los perfiles pueden resultar conflictivos porque pueden conducir a predicciones falsas o dañinas, debido a los sesgos incorporados en los conjuntos de datos y en los algoritmos (véase p. 143). Para domeñar esos sesgos es esencial que los procesos de toma de decisión de las IA sean transparentes (véase p. siguiente).

PROCESO TRANSPARENTE

Los modelos de aprendizaje de máquinas procesan los datos y elaboran predicciones mediante redes neuronales artificiales muy complejas (véase p. 76). El funcionamiento interno de estos modelos se suele describir como una «caja negra», porque es demasiado complicado y abstracto como para que un ser humano los pueda «observar». Esto implica que los resultados no se pueden entender cabalmente, ni se pueden comprobar en busca de errores o sesgos. Existe un enfoque alternativo, conocido como «aprendizaje de máquinas interpretable» o «IA caja blanca» que arroja luz sobre la caja negra. Una IA caja blanca se diseña de manera que no se limite a arrojar un resultado, sino que además despliegue el proceso que ha seguido para llegar hasta él.

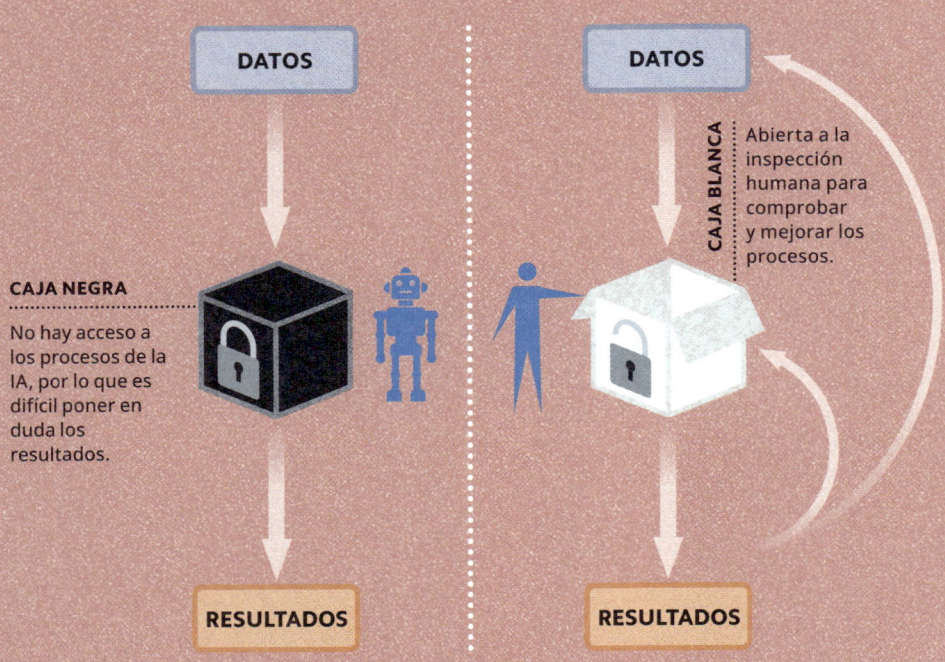

DATOS

DATOS

CAJA BLANCA

Abierta a la inspección humana para comprobar y mejorar los procesos.

CAJA NEGRA

No hay acceso a los procesos de la IA, por lo que es difícil poner en duda los resultados.

RESULTADOS

RESULTADOS

IA COMO FUERZA DE TRABAJO

La sustitución de los seres humanos por máquinas como fuerza de trabajo recibe el nombre de «desempleo tecnológico». Este fenómeno no ha conducido por ahora a un desempleo masivo, porque las máquinas incrementan mucho la productividad lo que, a su vez, estimula la economía y crea nuevas oportunidades laborales. Sin embargo, si los sistemas de IA empezaran a superar el «test laboral» (véase p. 132) y alcanzaran el nivel de las inteligencias artificiales generales (véase p. 126), entonces llegaría el día en que quedaran menos trabajos para que los desempeñaran los seres humanos. En tales condiciones, el desafío de los gobiernos consistiría en respaldar a grandes masas de personas desempleadas, lo que podría incluir proporcionar una renta universal básica, es decir, una retribución regular para todos los miembros de la sociedad.

IA Y EQUILIBRIO

Equilibrio de poder
El tratamiento democrático de la IA pretende garantizar que esta tecnología beneficie a todo el mundo, y no solo a una elite rica y poderosa.

?

RIQUEZA

LAS MASAS

La IA tiene el potencial de incrementar la productividad y de generar ingresos y oportunidades. Si se reparten entre todo el mundo, estos beneficios podrían conducir a un mundo más igualitario, pero si se concentran en las manos de la gente rica y poderosa se ensanchará la brecha entre ricos y pobres. Los sesgos de diseño y en los datos, así como el modo en que se usan los sistemas de IA pueden servir para exacerbar las divisiones sociales, incrementar las desigualdades y favorecer usos arbitrarios y discriminatorios. Entre las iniciativas para reducir estos riesgos se encuentran el diseño inclusivo y dotar a las IA de valores tales como la justicia y la responsabilidad.

LA HABITACIÓN DEL ECO

Los algoritmos de IA se usan cada vez más para vigilar los contenidos de internet, como, por ejemplo, en las redes sociales. Esto trae como consecuencia no intencionada la aparición de «burbujas filtradas», esferas en las que solo aparecen contenidos que encajan con las opiniones de quienes participan, y que las amplifican, a la vez que las consideraciones alternativas son eliminadas por filtros de contenido. Esto sucede gracias a los «algoritmos de recomendación» (véase p. 95), que proponen contenidos similares a los que ya se han visto en el pasado, lo que fomenta el sesgo.

PASE USTED

Las opiniones compatibles son las únicas que se abren paso.

Hay quienes temen que, en el futuro, la IA intente tomar el control de sus propias acciones.

SIN CONTROL

LOS LÍMITES DEL CONTROL

Las IA malévolas de la ciencia ficción distópica son imaginarias, pero en su trasfondo anida un asunto importante: el problema del control. Si una IA debe maximizar su utilidad necesitará disponer de cierto grado de autonomía, es decir, tendrá que ser capaz de tomar decisiones por su cuenta. Sin embargo, cuanto más autónoma y poderosa se torne una IA, más difícil será controlarla. Una IA totalmente autónoma podría llegar a ignorar y hasta contradecir las instrucciones de las personas que la usan, o incluso emprender acciones para mantener su independencia. Si una IA lograra zafarse de la influencia y del control humanos, su comportamiento se tornaría impredecible.

LO JUSTO Y LO INJUSTO

A medida que las IA se tornan más inteligentes cobra cada vez más importancia cómo garantizar que se comporten de manera ética (véase p. siguiente). Las herramientas de aprendizaje de máquinas carecen tanto de intereses como de valores y no se puede confiar en ellas para que emitan propuestas beneficiosas para la humanidad, como tampoco se puede asegurar que no favorezcan a un colectivo humano frente a otro. El único modo de garantizar comportamientos adecuados en estos aspectos consistiría en programarlas con principios éticos, pero entonces habría que plantearse qué ética aplicar. En condiciones ideales, una IA debería mostrar el mismo respeto por todos los seres humanos y ser capaz de detectar y compensar los sesgos.

	DISEÑO NO ÉTICO	**DISEÑO ÉTICO**	

Caja negra
La toma de decisiones no es transparente. Las personas no pueden saber por qué la IA ha adoptado una decisión concreta.

Caja blanca
La toma de decisiones es transparente. Es posible analizar y valorar de qué modo decide la IA.

Violación de la privacidad
Los individuos pierden el control de sus datos y no saben quiénes pueden acceder a ellos.

Protección de la privacidad
Los datos personales son privados y cada individuo mantiene el control sobre quién puede acceder.

Sesgos algorítmicos
Las IA incorporan sesgos en su diseño y, si alguien es capaz de controlarlos, tendrá más poder.

Justicia del algoritmo
Se eliminan los sesgos en cada etapa de diseño de la IA, desde la recopilación de datos hasta la aplicación final.

LAS TRES LEYES DE ASIMOV

1 Un robot no dañará a un ser humano ni permitirá, por inacción, que un ser humano resulte dañado.

2 Un robot debe obedecer las órdenes dadas por los seres humanos, a menos que dichas órdenes entren en conflicto con la primera ley.

3 Un robot debe proteger su propia existencia siempre que esto no entre en contradicción con las leyes primera o segunda.

ÉTICA INCORPORADA

Una manera de asegurar que la IA se comporte de manera ética (véase p. anterior) consiste en programarla con reglas éticas específicas, o leyes, un proceso conocido como «carga de valores terminales». Isaac Asimov (1920-1992) formuló lo que él denominó las «tres leyes de la robótica» (expuestas arriba). Sin embargo, y tal como revelan sus propios relatos, la carga de valores terminales dista mucho de ser infalible, porque incluso las leyes más sencillas pueden ser contradictorias. Por ejemplo, una IA puede recibir la instrucción de que no debe dañar a un ser humano, pero hay situaciones en las que hacerlo es el único modo de salvarle la vida.

¿QUIÉN ES RESPONSABLE?

Hay quien defiende, en este campo de investigación, que llegará el día en que los sistemas de IA no solo serán tan inteligentes como los seres humanos, sino que tendrán también personalidades semejantes a las humanas y que, por tanto, se les podrían reconocer derechos humanos (véase p. 135). Si una IA ve reconocidos tales derechos, la legislación deberá decidir dónde situar la frontera entre inculparla a ella o a sus creadores por las consecuencias de sus acciones. Si se determina que la IA es culpable de violar la ley (que actuó con libre albedrío) entonces habrá que someterla a las sanciones y castigos correspondientes, y se le exigiría también que reparara el daño causado y que rectificara su carácter.

¿QUÉ TENDRÍA QUE ESTAR PERMITIDO?

RIESGO INACEPTABLE

PROHIBIDO

Sistemas de IA que podrían causar daño libremente si se dejan sin regular.

RIESGO ELEVADO

Muy regulado
IA involucrada en seguridad, leyes, empleo y educación.

RIESGO MEDIO

Regulación parcial
IA que interactúa con humanos, comprende sus emociones y reconoce rostros.

RIESGO BAJO

Sin regulación
IA para la vida cotidiana, como los juegos de computadora que incorporan IA o los filtros de correo basura.

La preocupación acerca de los riesgos que podría entrañar la IA en el futuro ha instado a proponer una regulación legal de la investigación en este campo. Sin embargo, muchas personas que trabajan en el área sostienen que reglamentar la investigación pondría trabas a la innovación y daría a los países sin normativas una ventaja peligrosa. Las instituciones europeas proponen una solución de compromiso que consistiría en escalar la normativa de acuerdo con los riesgos. Las aplicaciones de la IA con riesgo bajo podrían tener una regulación escasa o inexistente, las de riesgo alto deberían estar más controladas, y las más peligrosas tendrían que prohibirse.

PELIGROS EXISTENCIALES

Una posible amenaza planteada por la IA es la que se conoce como el «problema de alineamiento», una situación en la que los objetivos y valores de la IA dejan de coincidir con los de la humanidad. La situación toma el nombre de una escena de la película de Disney titulada *Fantasía* en la que el aprendiz de brujo hace que una escoba se multiplique de manera descontrolada: «síndrome del aprendiz de brujo». El problema queda ilustrado con toda claridad a través de un experimento mental. A una IA se le asigna la tarea de optimizar la producción de clips sujetapapeles, pero considera que su trabajo solo habrá acabado cuando el planeta entero se haya convertido en clips. Llega a esa conclusión porque no se da cuenta de que hay que dar prioridad a la vida humana frente a la producción de los clips.

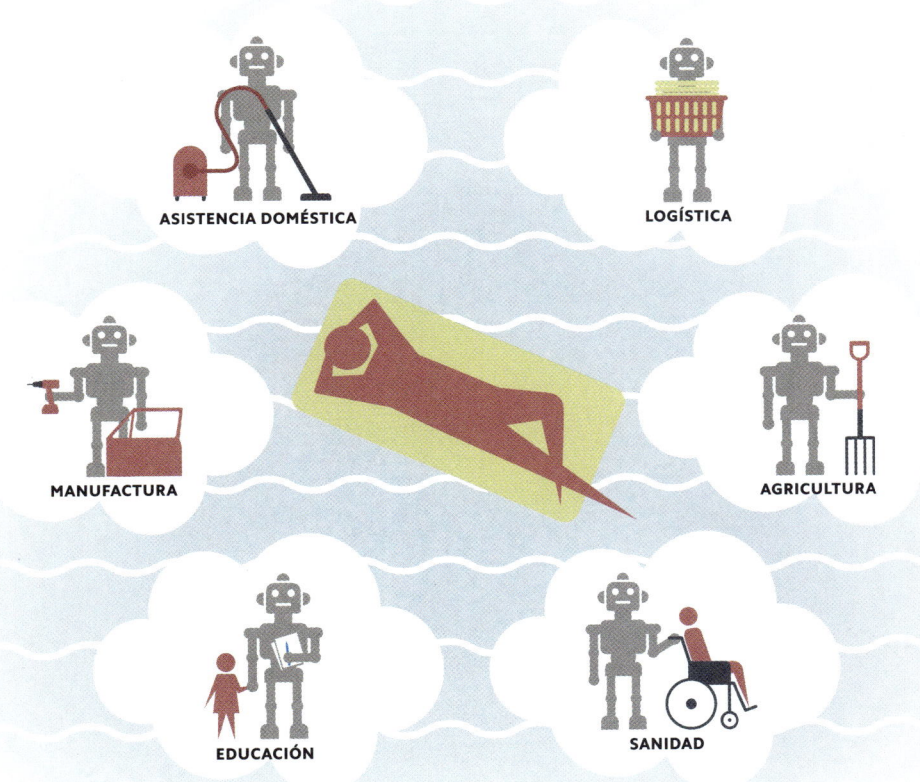

ASISTENCIA DOMÉSTICA

LOGÍSTICA

MANUFACTURA

AGRICULTURA

EDUCACIÓN

SANIDAD

VENTAJAS SIN LÍMITE

Muchas personas que investigan en el campo de la IA creen que esta tecnología causará el advenimiento de una edad dorada para la humanidad, una época en la que las máquinas generarán abundancia y prosperidad sin límites. Defienden que con sistemas de IA más potentes capaces de realizar todo el trabajo que antes correspondía a los seres humanos, las personas se liberarán por fin y podrán dedicar el tiempo a actividades de ocio y a perseguir sus sueños personales. En esa época, nos dicen, no habrá escasez de recursos y, en consecuencia, tampoco habrá delincuencia, ni guerras, ni injusticias, y la IA nos ayudará a resolver los problemas del mundo, desde enfermedades al calentamiento global.

ÍNDICE

Los números de página **en negrita** remiten a las entradas principales.

AGRADECIMIENTOS

DK quiere manifestar su agradecimiento a las siguientes personas por su ayuda durante la elaboración de este libro: a Vanessa Hamilton, Mark Lloyd y Lee Riches por las ilustraciones; a Alexandra Beedon por la corrección de pruebas; a Helen Peters por el índice; y a Priyanka Sharma por la coordinación de cubiertas.

Todas las imágenes © Dorling Kindersley